第一次学做面包

（日）太田瞳　著
李　瀛　译

辽宁科学技术出版社

图书在版编目（CIP）数据

第一次学做面包／（日）太田瞳著；李瀛译. —沈阳：辽宁科学技术出版社，2009.1
ISBN 978-7-5381-5560-0

Ⅰ.第… Ⅱ.①太… ②李… Ⅲ.面包－制作 Ⅳ.TS213.2

中国版本图书馆CIP数据核字（2008）第129149号

出版发行：辽宁科学技术出版社
（地址：沈阳市和平区十一纬路29号　邮编：110003）
印 刷 者：沈阳天择彩色广告印刷有限公司
经 销 者：各地新华书店
幅面尺寸：168mm × 236mm
印　　张：6
字　　数：100千字
印　　数：1～5000
出版时间：2009年1月第1版
印刷时间：2009年1月第1次印刷
责任编辑：风之舞
封面设计：辛晓习
版式设计：赵小莹
责任校对：徐　跃

书　　号：ISBN 978-7-5381-5560-0
定　　价：25.00元

联系电话：024-23284360
邮购热线：024-23284502
E-mail:lkzzb@mail.lnpgc.com.cn
http://www.lnkj.com.cn

目 录 contents

基础制作

提高阶段

法式羊角面包和奶油糕点

杂粮面包

速成面包（不含酵母菌）

面包搭配料理

速成面包（含酵母菌）

初学者请阅读材料、工具（6～11 页）有关内容，从面包制作的基础——奶油卷开始吧！

面包制作所需材料

面粉

面粉是面包制作中最不可或缺的材料。根据蛋白质的含量小麦粉分为高筋面粉和低筋面粉，此外也有很多其他面粉，因此要根据用途区别使用。

●高筋面粉

是主要以硬质小麦作为原料的面粉，蛋白质含量高，谷朊含量也高，因此和出来的面弹性强，最适合面包制作。因为粒子大，也适合用于擀面时的扑面。

●低筋面粉

是主要以软质小麦作为原料的面粉，蛋白质在小麦中的含量非常少，谷朊含量也低，因此与高筋面粉混合使用可以使面包松软。

●法国粉

法式面包专用粉，比高筋面粉蛋白质含量低，可以制成口感清爽、回味悠长的面包。

●元宵粉

是把粳米洗净、晾干后磨成的面粉，主要用于面包成形，风味独特。

●木薯粉

是从木薯根茎提取的淀粉，口感细软、滑糯。

●意大利速食螺旋粉

蛋白质、谷朊含量高，与高筋面粉混合使用，能够烤焙出口感筋道的面包。

● 玉米淀粉
由玉米提取制作的淀粉，因为粒子小，适合于制作奶油制品。
● 全麦粉
用整个小麦磨制的面粉，因此维生素以及矿物质、食物纤维等营养素比一般小麦粉多。由于谷朊含量低，不易膨胀，烤焙后会变得很重。
● 黑麦面粉
因为黑麦的蛋白质不产生谷朊，因此可以制成不膨胀、较硬的面包。口感具有独特的酸味。
● 玉米粉
是用干燥的玉米粗磨而成的。

膨胀剂

是烤焙面包时，为使其膨胀、有粗爽感而使用的，是制作正宗面包不可或缺的材料。

● 干酵母
其作用是由于发酵而使面团膨胀。酵母在25~35℃时能充分发酵，而在60℃时则会死亡。
● 发酵粉
又叫泡打粉，广泛用于各种面包、点心的制作。

甜味料

不仅是为面包增添甜味，而且在使面团膨胀、面包耐放、光泽好等方面也发挥着重要的作用。
● 砂糖
色白、颗粒细、易溶于水是它的特点，由于保湿性能好，使面团湿润。
● 细砂糖
比砂糖的颗粒更细，不损伤奶油、鸡蛋的风味。由于是颗粒状而显松散。
● 三温糖
具有独特的甜味与芳香。是一种使蔗糖结晶形成的砂糖。
● 糖粉
把细砂糖研成粉末，加入3% 的玉米淀粉制作而成。为了使其干爽，应现用现做。
● 槭糖
作为砂糖的替代品，用槭树树干中流出的液汁熬制而成。有浓厚的风味与芳香。
● 颗粒糖
把砂糖做成颗粒状，放在口中立即溶化。

油脂

优质的油脂能够使制作的糕点风味独特、口感润滑。此外，有助于谷朊的拉长以及防止面团水分的流失。因此，要根据不同的面粉区别使用。

●橄榄油

油酸含量高，能够减少血液中的胆固醇，是健康的油类。橄榄香味浓厚。

●无盐奶油

是不添加食盐的点心用奶油。具有清爽的优质风味，散发着清香。保存时间比有盐奶油短，因此应尽早食用完毕。

●色拉油

是密度很高的植物食用油，适用于造型时改良面包的伸展性，或者制作口味清淡的面包。

●起酥油

是一种无味奶油状的加工油脂。

牛奶・水

制作面团所必需的水分。

●水

使小麦粉变成谷朊。酵母的发酵需要适当的温度，加入的水根据室温有所变化。

●牛奶

使烤出的面包松软、细腻，味道好。务必烧沸一次，冷却后使用。

其他材料

●鲜蛋

不仅能使面团柔软、湿润，而且具有增强弹性、改善味道的作用。

●盐

能够缩紧面团，使面包蜂窝整齐，制作出有重量感的面包。

●自然盐

是把海水自然干燥制作出的盐类，微甜，矿物质含量高，与精制盐相比，没有特别咸的感觉。

●脱脂奶粉

作为牛奶的替代品，不仅方便，而且气味香甜，味道好，营养价值很高，烤焙出的成品色泽诱人。

面包制作的主要工具

称量

面包制作的根本是从正确的计量开始，目测容易导致制作失败，因此材料必须称量之后使用。

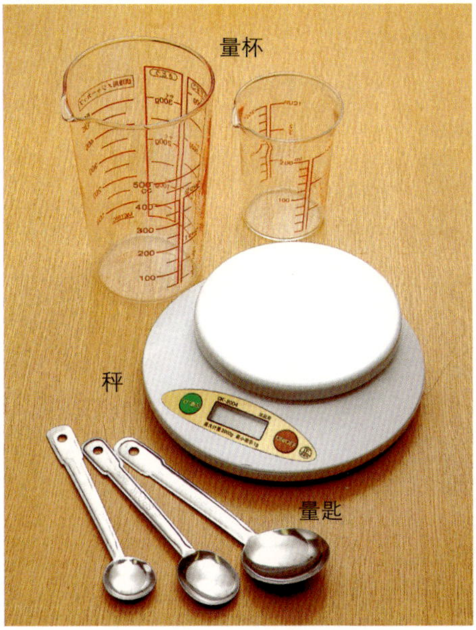

●量匙

一般一组有：大匙（15ml）、小匙（5ml）、1/2 小匙（2.5ml）。用满匙刮平来测量。

●量杯

计量水或其他液体时使用。一杯 200ml，要注意水平方向看刻度进行测量。

●秤

要把秤置于水平处，以免称量时失准。建议使用最小刻度为 1g、可以称量 1kg 的秤。

打泡、搅拌、拉伸

给鲜奶油、鸡蛋清打泡时使用打泡器，搅拌材料或者揉搓材料时使用木铲或橡皮刮刀等，手提搅拌机能免除手腕疲劳，所以必不可少。

●手提搅拌机

可以在短时间内搅拌好材料，而且避免手腕疲劳。但是在打泡的时候，由于起泡速度快，要注意用低速，以免发泡过度。

●橡皮刮刀

和面时或挪动模型时使用。因为搅拌的部分是橡胶制的，所以能充分地把搅拌好的面团转移到其他容器里。选择耐热性好的为宜。

●擀面杖

擀平面团时使用。

●毛刷

涂刷蛋液或果酱等材料时使用。

●金属钵

搅拌材料时使用。

切割

给面团分份儿或加入划痕时使用。在切面团时，要迅速地垂直切下。

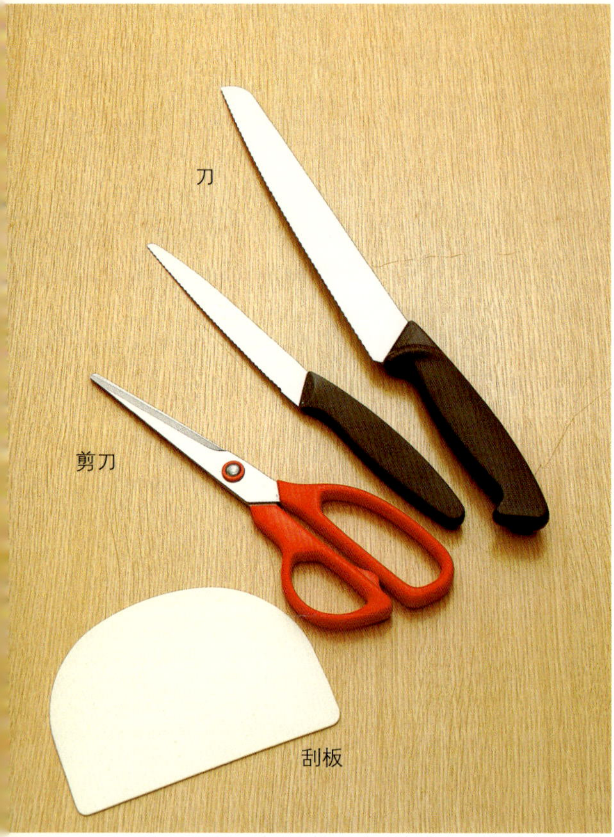

●刀

给面团加入划痕时使用。

●剪刀

切面包时使用。应准备面包专用的、卫生的剪刀。

●刮板

分割面团时使用。能刮掉粘在台面上的面团，也便于集中松散的面团。

烤焙

是烤焙面包所必需的工具。

●烤盘

直接放置没有模具的面团时，请务必垫上烤焙用纸或烹调用纸。

●喷雾器

在烤焙面包之前使用，使面包烤焙之后外表更加美观。

●烤焙用纸

铺垫烤盘使用，防止面团粘连。

●烹调用纸

用于防止面团粘连编篓。

●烤炉

这是烤焙面包必不可少的工具。特别需要注意的是，在面团放入烤炉前，要事先将烤炉预热到目标温度。

成形

由于模具的不同，烤焙出的成品形状各异，请根据面包区别使用。

发酵的方法

这里介绍隔水加热以及烤炉加热的方法。

一次发酵

一次发酵是在30℃左右的场所进行。因为酵母菌最活跃的温度就是30℃左右。

隔水加热

1 把面团放入塑料袋中。

2 在盆中加入40℃的热水，放入塑料袋(因为热水会冷却，所以这种状态可以认定为30℃)，就这样放置30～40分钟，使其发酵到塑料袋充满气体。(热水的温度要根据室内温度进行改变，具体情况如下)

隔水加热发酵的温度调节

- 室温在26～28℃时（夏），不需要隔水加热，只需把塑料袋置于室温下使面团发酵。
- 室温在21～25℃时（春秋），要放在40℃左右的热水中，使面团发酵。
- 室温在20℃以下时（冬），要放在40℃左右的热水中，并且中间还需加2～3次热水，使面团发酵。

使用烤炉加热

①把面团放入塑料袋中。

②用高温点火40秒之后熄火，在烤盘里放上面团，放置30～40分钟，使其发酵到塑料袋充满气体。

二次发酵(40℃的场所)

二次发酵在40℃的场所为宜(因为面团在烤焙面包之前的这段时间温度要保持在35℃左右)，用热水或烤炉以接近室温的环境。

隔水加热

1 把放有面团的烤盘用一个稍大一些的塑料轻轻包住。

2 放在装有热水的大锅或金属盆上约30分钟，使其发酵，一直到面团充分膨胀。根据室温，在金属盆与烤盘之间加上金属网或毛巾，使摆放面团的烤盘维持40℃左右的环境而不至于太热。(具体情况如下)

隔水加热发酵的温度调节

- 室温在26～28℃时（夏），在装有热水的金属盆上放金属网，把毛巾折四折放在金属网上，使面团发酵。
- 室温在21～25℃时（春秋），在装有热水的金属盆上放金属网，使面团发酵。
- 室温在20℃以下时（冬），把烤盘直接放到装有热水的金属盆上，使面团发酵。

使用烤炉加热

①在烤盘上摆好面团。
②为了防止面团干燥，在烤箱的下层放入装有40℃水的烤盘。
③用高温点火10秒，把放有面团的烤盘放进烤箱约30分钟使其发酵，一直到面团充分膨胀。

准备水分的温度调节

酵母菌在30℃左右最为活跃，因此，准备水分的温度调节要使面团接近30℃，创造酵母菌容易活动的环境。为了做出香甜可口的面包，使用水一定要根据室内温度的不同进行调节。

- 室温在26～28℃时（夏），用水管水（20～24℃）。
- 室温在21～25℃时（春秋），使用温水（30～35℃）。
- 室温在20℃以下时（冬），大约是洗澡水的温度（40～42℃）。

准备水分如果是牛奶时，一定烧开一次，冷却到适当的温度，正确计量之后再使用。

基础制作

奶油卷汇集着面包制作的基本，因此首先从奶油卷开始，其他面包以同样的方式调配，制作方便。

奶油卷

胖乎乎的可爱奶油卷！在自己家里刚刚出炉的面包，味道别具一格！

材料：（12个份）

高筋面粉	210g
低筋面粉	90g
干酵母	6g
砂糖	30g
脱脂奶粉	6g
准备水分	
水	147g
鸡蛋	48g
盐	4.5g
无盐奶油	30g
后期	
鸡蛋液	适量

和面

1 在金属盆里放入除了奶油以外的粉类（高筋面粉、低筋面粉、砂糖、脱脂奶粉），加入干酵母，用手快速搅拌。

2 在中央加入鸡蛋液和水，搅拌、揉搓，使之成为面团。（准备水分要根据室温而变化，参照第13页）

3 整个面团水分均匀成为一个整体之后，放在面板上揉搓5分钟左右，拉伸面团再复原，反复操作，增加面团的黏度。

4 面团达到一定的柔软度之后，加入奶油和盐均匀地揉搓。加入奶油之后，面团会出现破裂，一定要反复揉搓直至其柔软、平滑为止。

※如果面团很黏，不容易揉搓时，拿起面团的一端，抬至30～40cm的高度摔打数次，便容易成团。

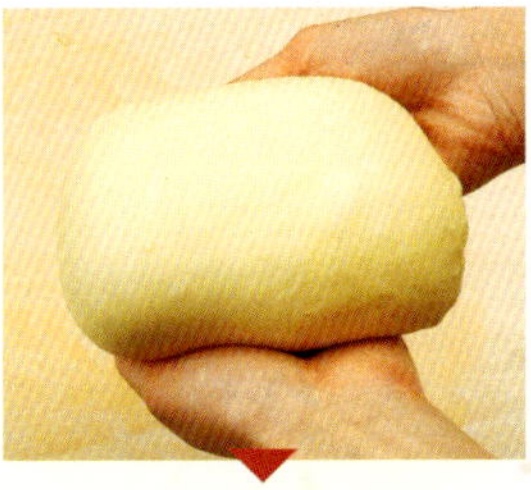

5 揉搓完毕之后把面团向内团成圆形。

一次发酵

6 把面团放入塑料袋中，轻轻系上袋口。

7 放在40℃的热水中30～40分钟，使其一次发酵。塑料袋中充满气体完全胀起时，第一次发酵结束。（热水温度要根据季节和室温的变化进行调节。另外，还有使用烤箱发酵的方法，具体参照第13页）

分割

8 在面板上撒上扑面，扑面要使用高筋面粉。

9 取出面团，面团上也要撒上扑面，整理成圆形。

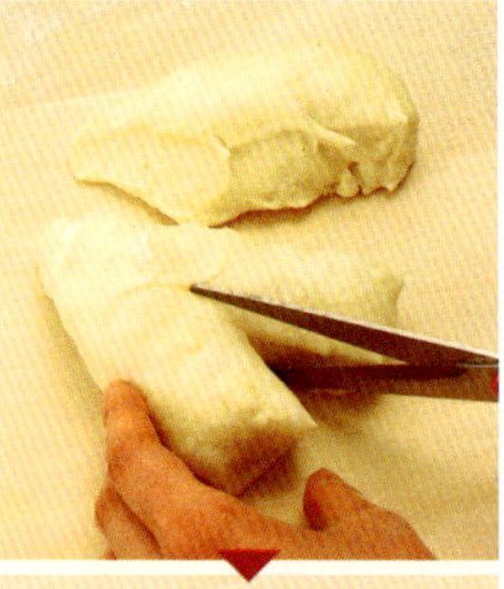

10 如图所示，把面团分成12等份。（分割面团时，刀要垂直向下迅速切割）

※ 分割、定形的过程中，面团容易干燥，因此要用保鲜膜盖上。如果面团干燥，则用喷雾使其湿润。（保鲜膜可以把发酵时用的塑料袋切开使用）

成形

11 把面团用手掌搓成水滴状。

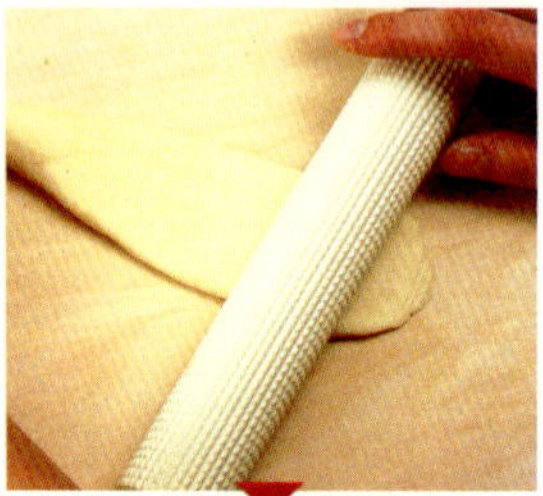

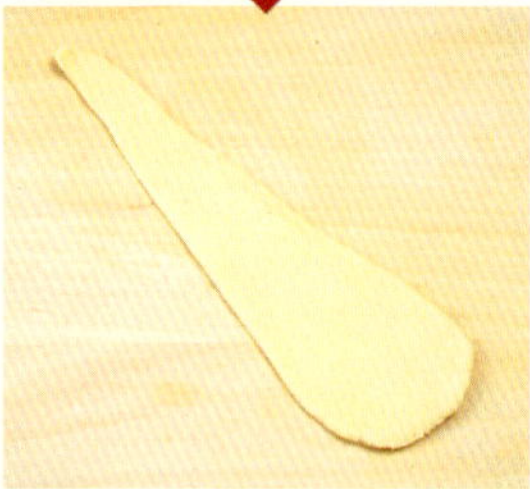

12 按住面团的前端，用擀面杖从中心向内侧，再从中心向外侧擀压，擀压成为一个大的水滴状。

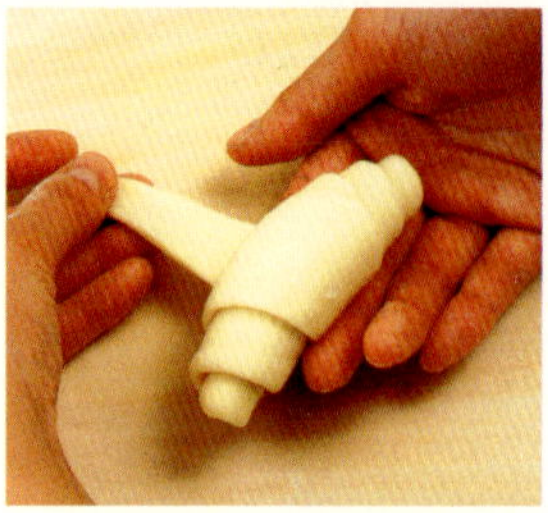

13 从较粗的一侧慢慢卷起，卷完之后用力粘上，避免散开。

二次发酵

14 把成形的面团间隔地摆在铺有烤焙用纸的烤盘上。

15 把烤盘用保鲜膜轻轻包住，放在装有热水的锅或金属盆上30分钟，使其二次发酵。（发酵要根据季节、室温的变化进行调节，另外还有使用烤箱发酵的方法，具体参照第13页）

16 面团充分膨胀，二次发酵完毕。

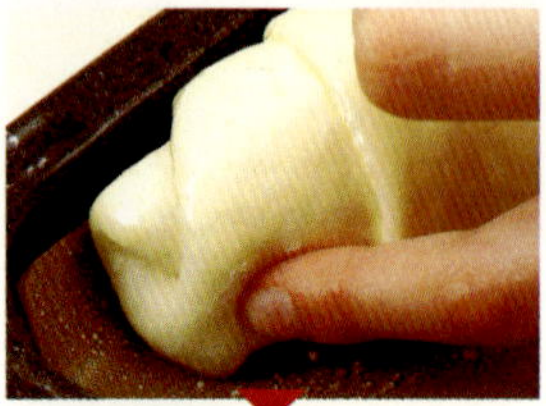

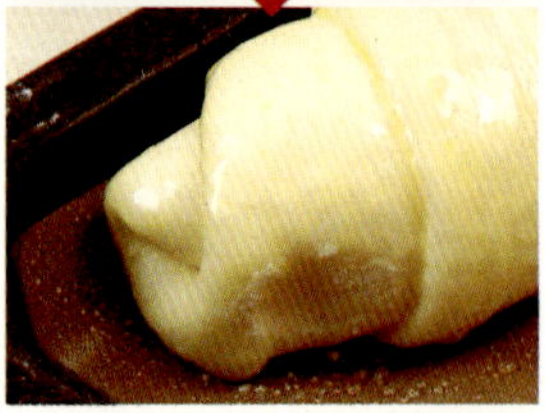

※ 确认二次发酵结束的方法是用手指在不明显的位置轻轻按压，如果马上恢复原形则发酵成功。

烤焙

17 薄薄地涂上一层鸡蛋液，放在180℃的烤箱里，烤焙10分钟即可。

德国风味面包

薄薄的表皮与松软的内层相互辉映，是极其美味的面包。

材料：（12个份）

高筋面粉	210g
低筋面粉	90g
干酵母	6g
砂糖	9g
准备水分	
水	195g
盐	6g
起酥油	9g
后期	
糯米粉	适量

和面、发酵、分割

1 参照奶油卷（第14、15页1～8项）进行和面、一次发酵以及面团的分割（12等份）。（发酵方法参照第12页。发酵方法有数种，需根据季节、室温的变化进行调节，因此请仔细阅读、正确操作）

成形

2 用双手把面团向后整理成圆形，撒上糯米粉。

二次发酵

3 把成形的面团间隔地摆在铺有烤焙用纸的烤盘上，进行二次发酵。（发酵方法参照第13页。发酵方法有数种，需根据季节、室温的变化进行调节，因此请仔细阅读、正确操作）

4 面团充分膨胀，二次发酵完毕。

烤焙

5 放入220℃的烤箱内，充分喷雾，使温度降至200℃，烤焙12分钟即可。

火腿肠面包卷

大家非常喜爱的火腿肠面包卷，蘸上番茄汁和芥末，更显美国风味！

材料：（12个份）

高筋面粉	210g
低筋面粉	90g
干酵母	6g
砂糖	30g
脱脂奶粉	6g
准备水分	
水	147g
鸡蛋	48g
盐	4.5g
无盐奶油	30g
表层装饰	
火腿肠	12根
黄瓜	1根
芥末颗粒	适量
后期	
鸡蛋液	适量

和面、发酵、分割

1 参照奶油卷（第14、15页1～8项）进行和面、一次发酵以及面团的分割（12等份）。（发酵方法参照第12页。发酵方法有数种，需根据季节、室温的变化进行调节，因此请仔细阅读、正确操作）

制作表面装饰

2 在细黄瓜条上（12根）涂适量芥末颗粒，与火腿肠粘在一起。

成形

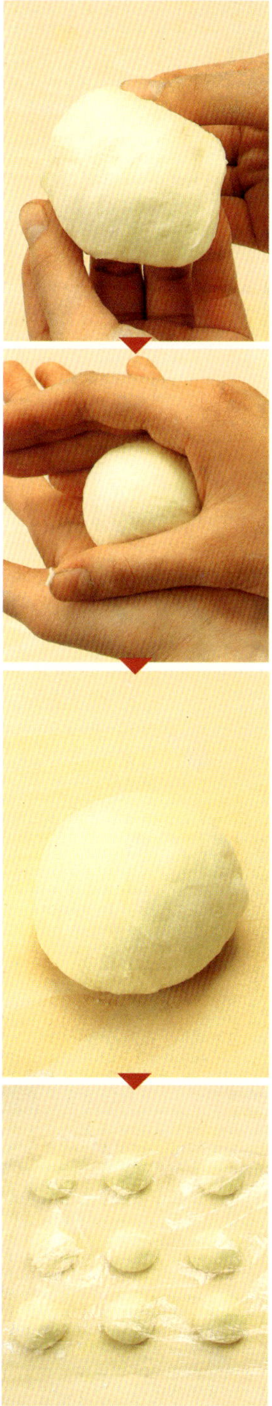

3 用双手把面团向后整理成圆形，用保鲜膜盖好，松弛10分钟。

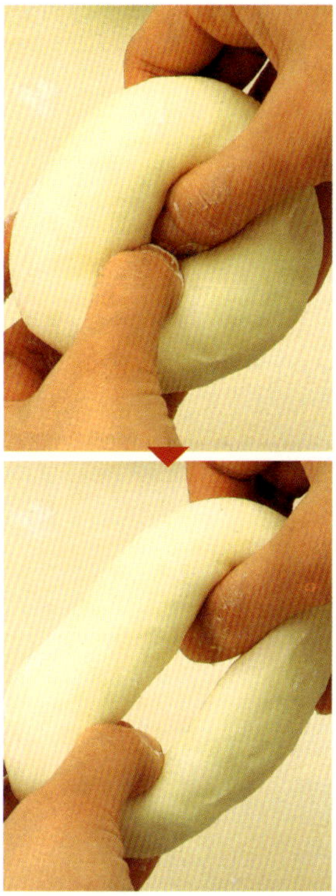

4 用双手的拇指和食指在面团的中央打开一个洞，左右拉伸，使其成为炸面卷形。

5 在一处用剪刀剪断，用手轻轻放在面团两端，滚动使其成为棒状。

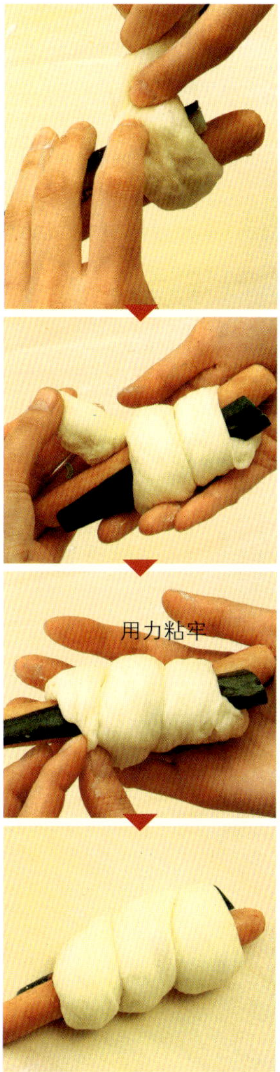

6 然后层层缠在步骤2做成的火腿肠上，卷完之后要用力粘上，以免面团松散。

要点

在火腿肠上卷面团时，开始卷以及卷完之后都要粘牢，如果粘得不紧，烤焙中途有可能松散，因此需十分注意。

二次发酵

7 把成形的面团间隔地摆在铺有烤焙用纸的烤盘上，进行二次发酵。（发酵方法参照第13页。发酵方法有数种，需根据季节、室温的变化进行调节，因此请仔细阅读、正确操作）

8 面团充分膨胀，二次发酵完毕。

烤焙

9 发酵结束之后，在面团表面薄薄地涂上一层鸡蛋液，放入180℃的烤箱内，烤焙10分钟即可。

菠萝包

柔软的面质与香酥的小甜饼，是绝配的组合！

材料：（12个份）

高筋面粉	210g
低筋面粉	90g
干酵母	6g
砂糖	30g
脱脂奶粉	6g

准备水分

水	147g
鸡蛋	48g
盐	4.5g
无盐奶油	30g

小甜饼干面团

无盐奶油（放置在室温）	80g
砂糖	60g
鸡蛋黄	2个
柠檬擦皮碎	1个
柠檬汁	1大匙
牛奶	2大匙
小麦粉	230g
发酵粉	6g

后期

细砂糖适量

制作小甜饼干面团

1 把在室温下软化的奶油、砂糖倒入盆中，用橡胶刮刀充分搅拌。

2 加入柠檬擦皮碎、蛋黄搅拌，使其充分融合，再加入柠檬汁，快速搅拌。

要点

小甜饼干面团容易松遢，用擀面杖擀过之后，暂时不用的面团要放在冰袋上。

3 加入小麦粉、发酵粉，一起搅拌。

4 搅拌到一定程度时，倒入牛奶，充分搅拌。

5 成为一团时拿到塑料保鲜膜上，用手滚动面团，使其成为棒状，用塑料保鲜膜卷好，放入冰箱冷冻箱中，20分钟后移至冷藏室，使其静置。在此期间，准备面包面团。

和面、发酵、分割

6 参照奶油卷(第14、15页1～8项)进行和面、一次发酵以及面团的分割(12等份)。(发酵方法参照第12页。发酵方法有数种，需根据季节、室温的变化进行调节，因此请仔细阅读、正确操作)

成形

7 用两手把面团向后整理成圆形，用保鲜膜盖好，静置10分钟。

8 在静置面团期间，从冷藏室中取出小甜饼面团，切成12等份。

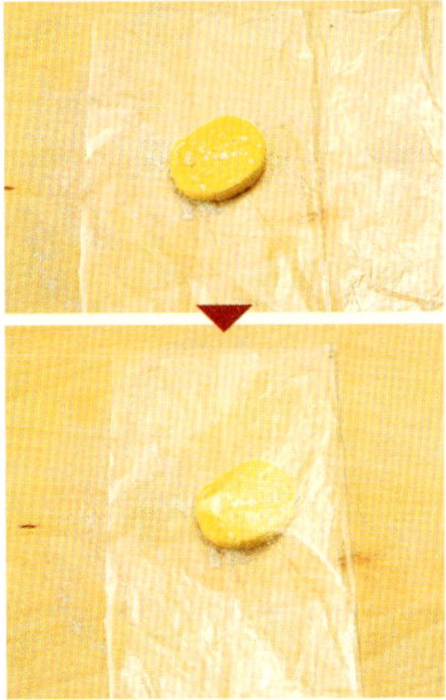

9 把塑料袋从一边切开，用塑料袋夹住小甜饼面团。

10 用擀面杖擀出直径12cm的圆形。

※如果面团松塌，请放到冰袋上。

11 剥开保鲜膜的一侧，把静置好的面包面团包在小甜饼面团里，轻轻拧动，与小甜饼面团粘牢。

12 轻轻剥开保鲜膜，蘸上细砂糖。

二次发酵

13 把成形的面团间隔地摆在铺有烤焙用纸的烤盘上，进行二次发酵。(发酵方法参照第13页。发酵方法有数种，需根据季节、室温的变化进行调节，因此请仔细阅读、正确操作)

14 面团充分膨胀，二次发酵完毕。

15 把发酵好的面团放入180℃的烤箱烤焙15分钟即可。

材料：（12个份）

高筋面粉	210g
低筋面粉	90g
干酵母	6g
砂糖	30g
脱脂奶粉	6g
豆沙馅	450g

准备水分

水	147g
鸡蛋	48g
盐	4.5g
无盐奶油	30g

后期

鸡蛋液	适量
芝麻	适量

豆沙面包

沙爽的口感、绵软的面团和甘甜的豆沙馅，具有怀旧风味。

和面、发酵、分割

1 参照奶油卷（第14、15页1～8项）进行和面、一次发酵以及面团的分割（12等份）。（发酵方法参照第12页。发酵方法有数种，需根据季节、室温的变化进行调节，因此请仔细阅读、正确操作）

成形

2 用双手把面团向后整理成圆形，用保鲜膜盖好，静置10分钟。（参照19页第3项）

3 在中央按一个圆，把豆沙放入其中，再将周围的面团向上推，把豆沙包在其中。

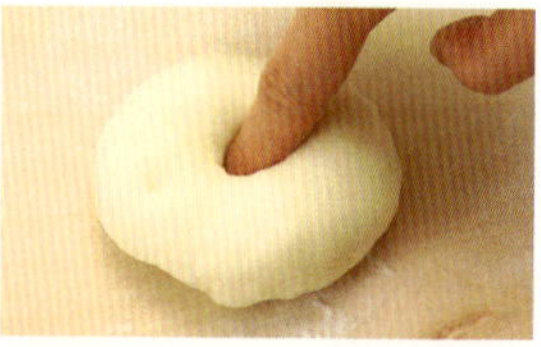

4 将封口向下置于面板上，整理成半圆形，在面团上撒上扑面，用食指按一个小坑。

二次发酵

5 把成形的面团间隔地摆在铺有烤焙用纸的烤盘上，进行二次发酵。（发酵方法参照第13页。发酵方法有数种，需根据季节、室温的变化进行调节，因此请仔细阅读、正确操作）

6 面团充分膨胀，二次发酵完毕。

烤焙

7 发酵结束后，在面团表面薄薄地涂上一层鸡蛋液，撒上芝麻，放入180℃的烤箱内，烤焙10分钟即可。

柠檬花包

柠檬与肉豆蔻的淡淡的甜香弥漫满屋！

材料：（12个份）

高筋面粉	210g
低筋面粉	90g
干酵母	6g
砂糖	30g
脱脂奶粉	6g
准备水分	
水	147g
鸡蛋	48g
盐	4.5g
无盐奶油	30g
表层	
砂糖	40g
柠檬皮（取黄色部分擦碎）	2个
肉豆蔻	量匙1匙
化开的奶油	15g

和面、发酵

1 参照奶油卷（第14、15页1～6项）进行和面、一次发酵。（发酵方法参照第12页。发酵方法有数种，需根据季节、室温的变化进行调节，因此请仔细阅读、正确操作）

表层做法

2 把砂糖、柠檬皮、肉豆蔻放入盆中，简单搅拌，化开奶油备用。

分割、成形

3 在面板上撒上扑面，把面团从塑料袋中取出，面团上也要撒上扑面。

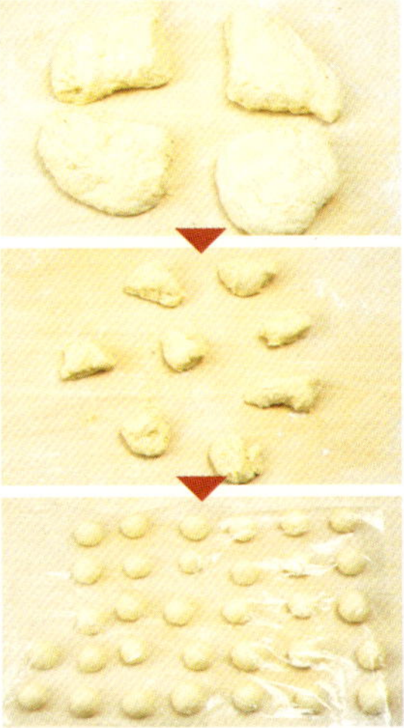

4 如图所示，将面团分成32等份。
※割面团时，刀要垂直迅速切下。

5 将模具、铝箔纸涂上起酥油，设置模具。（铝箔纸涂油的一面为外面）

6 在模具中摆入大约1/3的面团，用毛刷涂上化开的奶油，撒上步骤2做好的表层用料。

7 再重复两次步骤6，完成3层。

二次发酵

8 把模具摆在铺有烤焙用纸的烤盘上，进行二次发酵。（发酵方法参照第13页。发酵方法有数种，需根据季节、室温的变化进行调节，因此请仔细阅读、正确操作）

9 面团充分膨胀，二次发酵完毕。

烤焙

10 发酵结束之后，放入170℃的烤箱内，烤焙30分钟即可。

脆皮肉桂糕点

表皮的肉桂与里面的可可粉面团的组合堪称绝配！

材料：

（直径21cm高边模具1个）

高筋面粉	210g
低筋面粉	90g
干酵母	6g
砂糖	30g
脱脂奶粉	6g

准备水分

水	147g
鸡蛋	48g
盐	4.5g
无盐奶油	30g

可可面团

可可粉	小量匙2匙
糖粉	小量匙2匙
水	小量匙1匙

表层

奶油	40g
三温糖	40g
蛋黄	10g
小麦粉	90g
肉桂粉	小量匙1匙
巧克力碎	适量

后期

杏子果酱	大量匙1匙
糖粉	适量
鸡蛋液	适量

和面、发酵

1 参照奶油卷（第14、15页1～6项）进行和面、一次发酵，从揉搓好的面团中取出80g，加入可可粉、糖粉、水，调匀，再放在一起揉搓，制成黑、白两色的面团，使其发酵。

表层（脆皮肉松）制作

2 将用热水化开的奶油、三温糖混在一起，加入蛋黄搅拌，再加入小麦粉和肉桂粉，拌匀后，放入冰箱冷冻层里静置15分钟。

成形

3 在面板上撒上扑面，取出两种颜色的面团。

4 将白色面团擀成直径16cm左右的圆形，撒上巧克力。

5 将可可面团放在白色面团上，包好，封口要封牢。

6 将封口朝下，放入涂好起酥油的模具中，从上面向下压平。

二次发酵

7 把模具摆在铺有烤焙用纸的烤盘上，进行二次发酵。（发酵方法参照第13页。发酵方法有数种，需根据季节、室温的变化进行调节，因此请仔细阅读、正确操作）

8 面团充分膨胀，二次发酵完毕。

要点

烤焙后要往面包上撒糖粉的时候，放置2～3分钟再撒，这样，即使冷却糖粉也不会潮湿，成品洁白美观。

烤焙

9 将杏子果酱涂满表层，从冷冻箱中取出肉松，撒匀，放入170℃的烤箱内，烤焙30分钟。

10 烤焙后从模具中取出，撒上糖粉即可。

巧克力螺壳面包

深受小朋友的喜爱，经常为从何处下口而犹豫不决！

巧克力膏的制作

1 将玉米淀粉、砂糖、可可粉搅匀后，加入鸡蛋继续搅拌。

2 充分融合之后加入牛奶、香草油，继续搅拌。

3 移至锅中，点着中火，用耐热的橡皮刮刀（或木铲）搅拌，煮至糊状、上光泽为止。

4 煮好后关火，将奶油放在表面熔化。新做成的很热，所以要冷却备用。

❀要 点

不要忘记在螺壳模具上涂起酥油，防止烤熟之后取出成品时粘连模具。

材料：（12个份）

高筋面粉	210g
低筋面粉	90g
干酵母	6g
砂糖	30g
脱脂奶粉	6g
准备水分	
水	147g
鸡蛋	48g
盐	4.5g
无盐奶油	30g
巧克力膏	
玉米淀粉	15g
可可粉	大量匙2匙
砂糖	50g
鸡蛋	1个
牛奶	250ml
香草油	适量
无盐奶油	10g

螺壳模具的制作

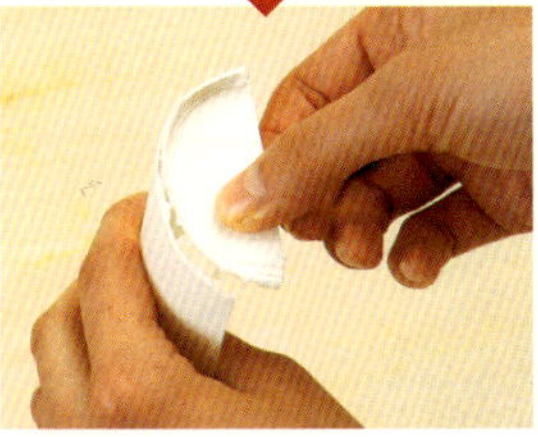

5 将纸杯剪成两半，摘掉底部。

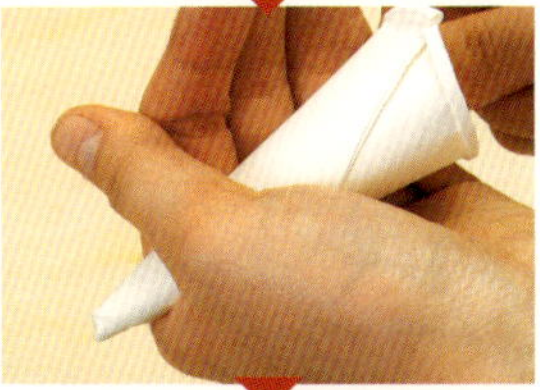

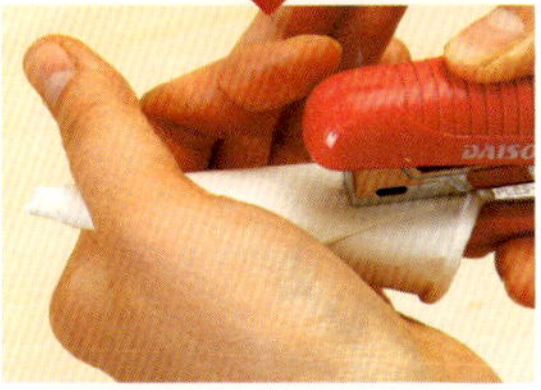

6 将纸杯边缘稍折，卷成圆锥形，折好后用订书器订好。

7 将螺壳模具紧紧缠上铝箔纸，模具制成。在表面涂上起酥油备用。（要做12个）

和面、分割、发酵、

8 参照奶油卷（第14、15页1～8项）进行和面、一次发酵、面团的分割（12等份）。（发酵方法参照第12页。发酵方法有数种，需根据季节、室温的变化进行调节，因此请仔细阅读、正确操作）

成形

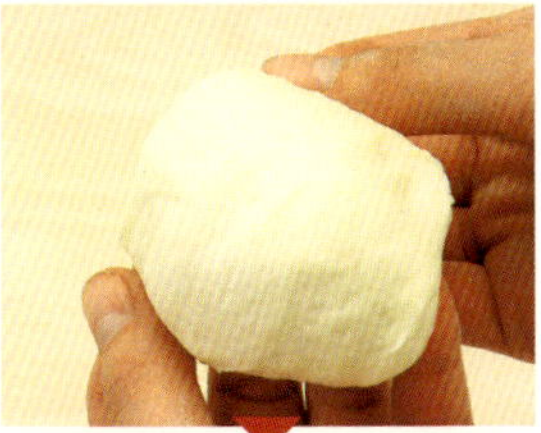

9 用双手把面团向后整理成圆形，用保鲜膜盖好，静置10分钟。

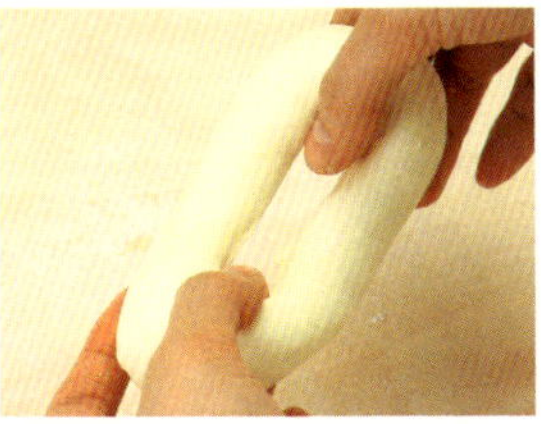

10 用双手的拇指和食指在面团的中央打开一个洞，左右拉伸，使其成为炸面卷形。

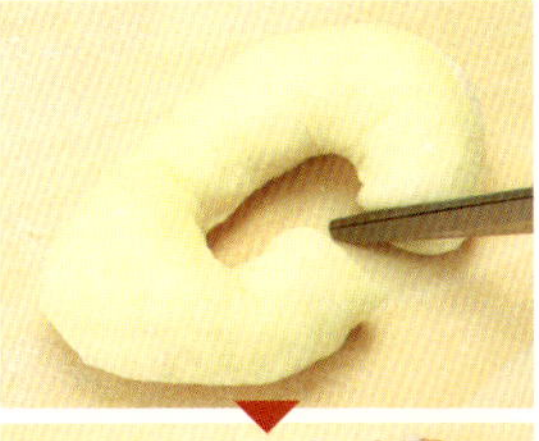

11 在一处用剪刀剪断，用手轻轻放在面团两端，滚动使其成为棒状。

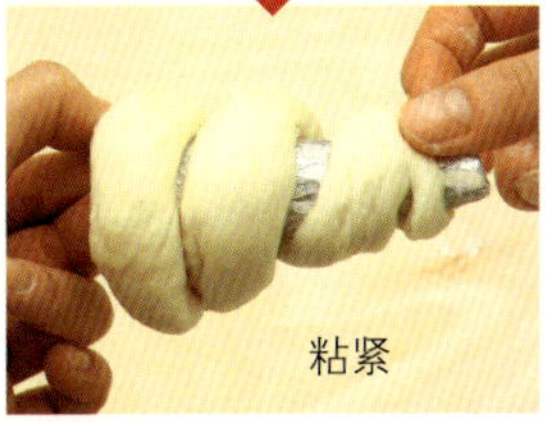

12 将棒状面团沿着刚才做好的螺壳模具缠上，卷好后要用力粘上，以免面团松散。

13 卷好之后的状态。

二次发酵

14 把成形的面团间隔地摆在铺有烤焙用纸的烤盘上，进行二次发酵。（发酵方法参照第13页。发酵方法有数种，而且需根据季节、室温的变化进行调节，因此请仔细阅读、正确操作）

15 面团充分膨胀，二次发酵完毕。

烤焙

16 将鸡蛋液涂在面团表层，放入180℃的烤箱内，烤焙8分钟。

17 烤成后，将螺壳模具取出，挤入巧克力膏即可。（没有挤花袋时，可装在塑料袋中，切去前端即可）

核桃仁卷糕

用杏仁、核桃仁、槭糖制成的卷糕表皮味道浓郁。

材料：

（直径21cm圆形模具1个）

高筋面粉 210g
低筋面粉 90g
干酵母 6g
砂糖 30g
脱脂奶粉 6g

准备水分

水 147g
鸡蛋 48g
盐 4.5g
无盐奶油 30g

后期

鸡蛋液 .... 适量

表层

无盐奶油 80g
槭糖 120g
杏仁（放在150℃的烤箱烘烤10分钟）..30g
核桃仁 70g
融开的奶油 10g
细砂糖...大量匙3匙
肉桂粉...小量匙1匙

和面、发酵

1 参照奶油卷（第14、15页1～6项）进行和面、一次发酵。（发酵方法参照第12页。发酵方法有数种，需根据季节、室温的变化进行调节，因此请仔细阅读、正确操作）

要点

将烤好的面包从模具中取出的时候，首先要将一个大一些的盘子盖在模具上，一边用手按住一边翻转过来，小心取下模具。

表层的制作

2 将奶油、槭糖、水倒入锅中，点火，熬煮，熬至可以拔起细丝时关火。

3 将坚果类一起倒入锅中，然后移至涂好起酥油的模具中。

成形、分割

4 在面板上撒上扑面，取出面团，用擀面杖擀成30cm × 40cm的长方形。

5 均匀地刷上化开的奶油，撒上细砂糖。

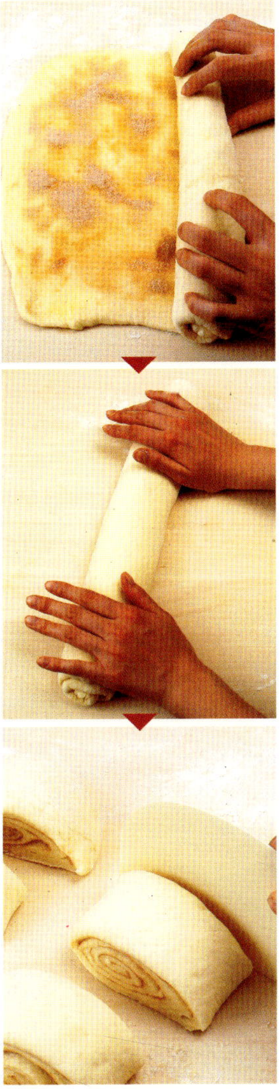

6 将面团卷起成为棒状，分割成9等份。

7 将面团（9个）刀口一面向下，放入涂好起酥油的模具中。

二次发酵

8 把模具摆在铺有烤焙用纸的烤盘上，进行二次发酵。（发酵方法参照第13页。发酵方法有数种，需根据季节、室温的变化进行调节，因此请仔细阅读、正确操作）

9 面团充分膨胀，二次发酵完毕。

烤焙

10 放入170℃的烤箱内，烤焙25分钟。

11 将盘子盖在模具上，翻转过来，摘下模具即可。

材料：（12个份）

高筋面粉	210g
低筋面粉	90g
干酵母	6g
砂糖	30g
脱脂奶粉	6g

准备水分

水	147g
鸡蛋	48g
盐	4.5g
无盐奶油	30g

表层

起酥油	20g
砂糖	20g
低筋面粉	30g
水	25～30g

后期

鸡蛋液	适量
椰蓉	适量
细砂糖	适量

椰蓉面包

甜美的椰蓉风味，松软的口感，让你回味无穷！

白色奶油的制作

1 将起酥油、砂糖、低筋面粉倒入盆中混拌，边加水边充分搅拌，直至成为泥状为止。

和面、发酵、分割

2 参照奶油卷（第14、15页1～8项）进行和面、一次发酵、面团的分割（12等份）。（发酵方法参照第12页。发酵方法有数种，需根据季节、室温的变化进行调节，因此请仔细阅读、正确操作）

成形

3 用两手把面团向后整理成圆形。

二次发酵

4 把成形的面团间隔地摆在铺有烤焙用纸的烤盘上，进行二次发酵。（发酵方法参照第13页。发酵方法有数种，需根据季节、室温的变化进行调节，因此请仔细阅读、正确操作）

5 面团充分膨胀，二次发酵完毕。

烤焙

6 将鸡蛋液刷在面团表层，在表面挤上白色奶油。（没有挤花袋时，可装在塑料袋中，切去前端即可）

7 根据个人喜好撒上适量的椰蓉、细砂糖，放入180℃的烤箱内，烤焙10分钟后即可。

表层的制作

1 将用盐、胡椒处理过的鸡肉与蔬菜用沙拉酱和酱油腌泡30分钟，用平底锅将蔬菜嫩炒，盛入容器中，鸡肉也炒至上色，冷却备用。

和面、发酵、分割

2 参照奶油卷（第14、15页1～8项）进行和面、一次发酵、面团的分割（12等份）。（发酵方法参照第12页。发酵方法有数种，需根据季节、室温的变化进行调节，因此请仔细阅读、正确操作）

成形

3 用两手把面团向后整理成圆形，用保鲜膜盖好，静置10分钟。

4 在面团的中央用两手的拇指和中指向左右拉开一个洞，成为面包圈形状。

5 将整齐的一面向上，放在纸杯里，盛上表层。

二次发酵

6 把成形的面团间隔地摆在铺有烤焙用纸的烤盘上，进行二次发酵。（发酵方法参照第13页。发酵方法有数种，而且需根据季节、室温的变化进行调节，因此请仔细阅读、正确操作）

7 面团充分膨胀，二次发酵完毕。

烤焙

8 将鸡蛋液刷在面团表层，放入180℃的烤箱内，烤焙8分钟后即可。

午餐圈

在午餐圈的中央加点儿鸡肉、西红柿等，享受自己喜欢的味道。

材料：（12个份）

- 高筋面粉 210g
- 低筋面粉 90g
- 干酵母 6g
- 砂糖 30g
- 脱脂奶粉 6g

准备水分

- 水 147g
- 鸡蛋 48g
- 盐 4.5g
- 无盐奶油 30g

表层（12个份）

（可根据自己的喜好自由选择，这里介绍鸡肉面包圈）

- 鸡腿肉 2片
- 小西红柿 12个
- 花茎甘蓝 1个
- 口蘑 .... 适量
- 意式风味沙拉酱 . 1支
- 酱油 ... 小量匙1匙
- 盐、胡椒粉 ... 适量

后期

- 鸡蛋液 .... 适量

苹果奶酪卷

苹果与奶酪完美搭配，相得益彰，值得享用！

材料：（12个份）

高筋面粉 210g
低筋面粉 90g
干酵母 6g
砂糖 30g
脱脂奶粉 6g

准备水分

水 147g
鸡蛋 48g
盐 4.5g
无盐奶油 30g

表层

苹果 2个
砂糖 30g
无盐奶油 20g
成品奶酪..6片（12段）

后期

鸡蛋液 .... 适量
糖粉 .... 适量

要点

在将面团擀成水滴状时，要擀得足够大，以便能将材料（苹果、奶酪）卷好，卷完之后要将面团粘牢。

表层的制作

1 将苹果纵切成12等份，把奶油和砂糖倒入平底锅中，熬至变色加入苹果，蔫透成为焦黄色，冷却备用。（此步骤在一次发酵中进行也可）

和面、发酵、分割

2 参照奶油卷（第14、15页1～8项）进行和面、一次发酵、面团的分割（12等份）。（发酵方法参照第12页。发酵方法有数种，需根据季节、室温的变化进行调节，因此请仔细阅读、正确操作）

成形

3 用双手把面团向后整理成圆形，用保鲜膜盖好，静置10分钟。

4 轻轻滚动面团整理出水滴状，按住面团的前端，用擀面杖从中间向前向后擀成大的水滴状。

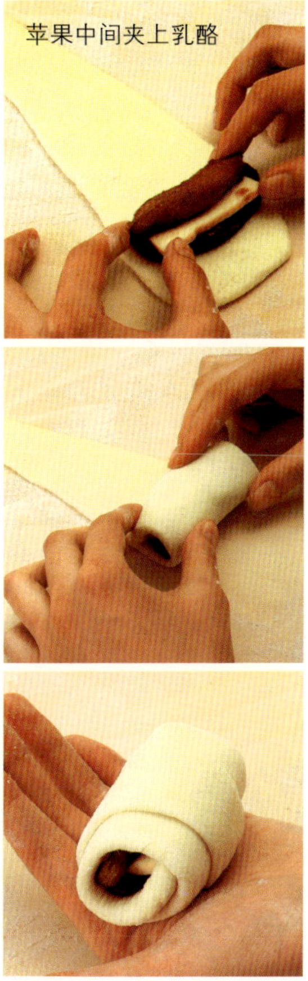

5 将奶酪夹在步骤1制成的表层里（苹果、奶酪、苹果），面团从粗的一侧慢慢卷起，卷好之后要粘牢，以防松散。

二次发酵

6 把成形的面团间隔地摆在铺有烤焙用纸的烤盘上，进行二次发酵。（发酵方法参照第13页。发酵方法有数种，需根据季节、室温的变化进行调节，因此请仔细阅读、正确操作）

7 面团充分膨胀，二次发酵完毕。

烤焙

8 将鸡蛋液刷在面团表层，放入180℃的烤箱内，烤焙10分钟。

9 烤成后，撒上糖粉即可。

巧克力大理石纹面包

甜甜的巧克力充塞其中，对于喜欢巧克力的人来说，这是一款难以抗拒的面包。

材料：（12个份）

高筋面粉	210g
低筋面粉	90g
干酵母	6g
砂糖	30g
脱脂奶粉	6g

准备水分

水	147g
鸡蛋	48g
盐	4.5g
无盐奶油	30g

表层

巧克力碎末	150g

大理石纹用

可可粉	大量匙1匙
糖粉	大量匙1匙
水	大量匙1/2匙

后期

鸡蛋液	适量
颗粒糖	适量

要点

将巧克力包在面团里时，要将面团封口粘牢，否则，在烤焙过程中，巧克力可能会漏出。

和面、发酵

1 参照奶油卷（第14、15页1～6项）进行和面、一次发酵。（发酵方法参照第12页。发酵方法有数种，需根据季节、室温的变化进行调节，因此请仔细阅读、正确操作）

分割、成形

2 在面板上撒上扑面，取出面团，将可可粉、砂糖、水的融合物加到各处，轻轻搅拌、揉搓，做成巧克力大理石纹饰。

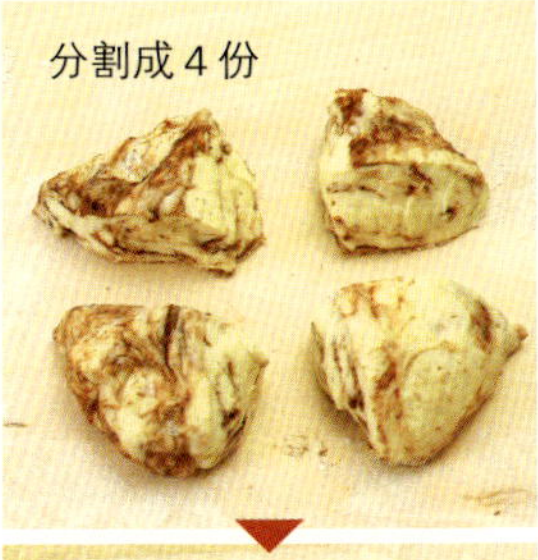

3 将大理石纹饰面团分成12等份。

4 将面团稍微拉开，按入巧克力，包好。

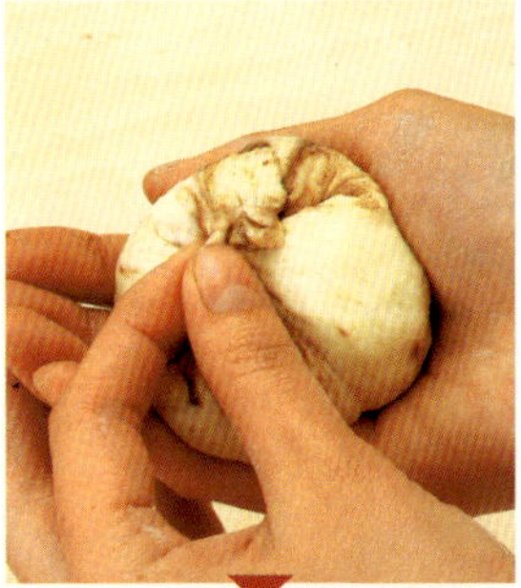

5 将封口捏好，整理出圆形。

二次发酵

6 把成形的面团间隔地摆在铺有烤焙用纸的烤盘上，进行二次发酵。（发酵方法参照第13页。发酵方法有数种，需根据季节、室温的变化进行调节，因此请仔细阅读、正确操作）

7 面团充分膨胀，二次发酵完毕。

烤焙

8 将鸡蛋液刷在面团表层，撒上颗粒糖，放入180℃的烤箱内，烤焙10分钟即可。

葡萄干面包圈

稍硬的质感，正宗的口味，这是一款受到年轻人喜爱的面包圈！

材料：（12个份）

高筋面粉	210g
低筋面粉	90g
肉桂粉	2g
干酵母	6g

准备水分

水	220g
盐	4g
橄榄油	4g

后期

起酥油	适量

表层

葡萄干	60g

要点

因为制作硬面包圈需要一个煮制的过程，因此发酵时间可以缩短至10～15分钟，至面团膨胀至1.5倍即可。

和面

1 将高筋面粉、低筋面粉、肉桂粉倒入盆中，搅拌，加水搅拌至水分均匀、成为一团，加入橄榄油、盐，揉搓10分钟左右，使其有弹力。（面包面团的具体和面方法请参照奶油卷第14、15页1～5项）

一次发酵、分割

2 参照奶油卷（第15页6～8项）进行一次发酵、面团的分割（12等份）。（发酵方法参照第12页。发酵方法有数种，需根据季节、室温的变化进行调节，因此请仔细阅读、正确操作）

成形

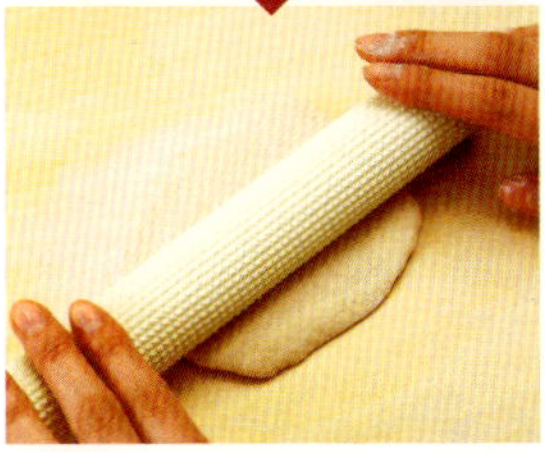

3 将三角形的尖端向外折进面团，用擀面杖擀平。

4 撒上大约10粒葡萄干，卷起面团，拉伸成22cm左右的棒状。

5 将面团的两端粘紧，呈指环状。

二次发酵

6 把成形的面团间隔地摆在铺有烤焙用纸的烤盘上，发酵10～15分钟（成1.5倍大小）。（发酵方法参照第13页。发酵方法有数种，需根据季节、室温的变化进行调节，因此请仔细阅读、正确操作）

7 面团充分膨胀，二次发酵完毕。

8 在二次发酵的过程中，在大锅烧开沸水，按开水的1%比例加入起酥油。

9 将每个面团放入锅中，表、里各煮30秒（充分膨胀即可）。用厨房专用毛巾迅速吸取水分，然后间隔地摆在铺有烤焙用纸的烤盘上。

烤焙

10 摆好面团之后，迅速放入200℃的烤箱内，烤焙15分钟即可。

提高阶段

与基础阶段相比，做工稍微复杂，但是按照解说进行毫无问题！首先从主食面包开始吧！

主食面包

口味质朴，已经成为早餐的固定食品。也可以根据个人喜好做成三明治。

材料：

（750g 主食面包模具 1 个）

A

高筋面粉	300g
干酵母	6g
砂糖	15g

准备水分

水	200g

B

盐	6g
起酥油	15g

和面

1 将材料 A 倒入盆中，用手快速搅拌。

2 在中央做个窝，倒入准备水分，拉住盆进行和面，直至成为一块。（根据室温不同，准备水分的温度也要进行适当的调节，具体请参照第 12 页）

3 将整块面团放在面板上揉搓 10 分钟左右，拉伸面团再复原，反复操作，增加面团的黏度。

4 面团达到一定的柔软度之后，加入奶油和盐均匀地揉搓，加入材料 B，反复揉搓 10 分钟左右，使其平滑、有弹性。

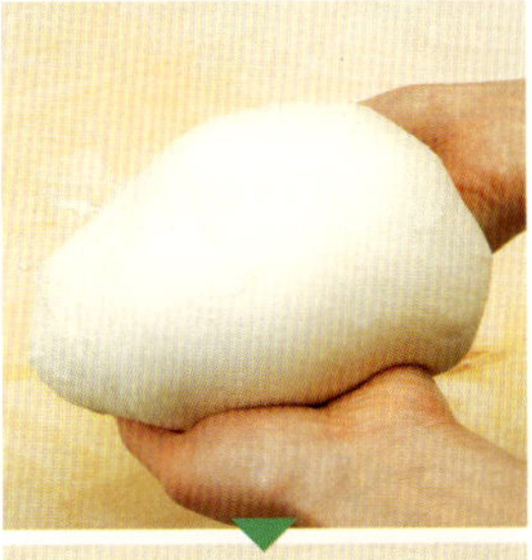

5 揉搓完毕之后把面团向内团成圆形。

一次发酵

6 把面团放入塑料袋中，轻轻系上袋口，放在40℃的热水中30～40分钟，使其一次发酵。塑料袋中充满气体完全胀起时，第一次发酵结束。（热水温度要根据季节、室温的变化进行调节，另外还有使用烤箱发酵的方法，具体参照第 12 页）

分割

7 在面板上撒上扑面，扑面要使用高筋面粉，把面团从塑料袋中取出，整理成圆形，面团上也要撒上扑面。

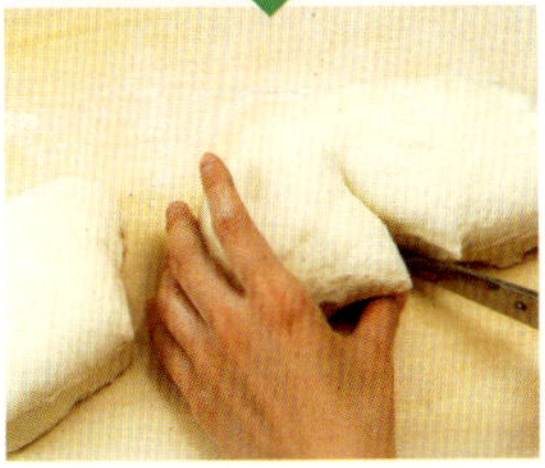

8 如图所示，把面团分成3等份。（分割面团时，刀要垂直向下迅速切下）

成形

9 面团蘸上扑面，将切口向内整理出圆形。

10 在面板上间隔地摆放，盖上保鲜膜，松弛 20 分钟。

11 将面团翻过来，轻轻撒上扑面，用手掌拍打，放出气体。

12 用擀面杖将面团擀成15cm×20cm左右的长方形。

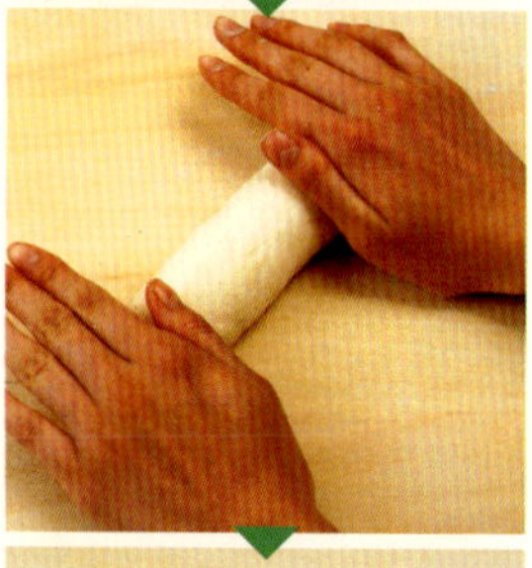

13 将面团由内侧向前卷紧成为棒状。

14 将合缝处向内，弯成U形。

15 三根全部弯完之后，如图所示，放入涂有起酥油的模具里，用手掌轻轻按压。

※ 分割、定形的过程中，面团容易干燥，因此要用保鲜膜盖上。如果面团干燥，则用喷雾使其湿润。（保鲜膜可以把发酵时用的塑料袋切开使用）

二次发酵

16 把模具放在烤盘上，用保鲜膜轻轻包住，放在装有热水的锅或者金属盆上30分钟，使其二次发酵。（发酵要根据季节、室温的变化进行调节，另外还有使用烤箱发酵的方法，具体参照第13页）

17 面团充分膨胀后，二次发酵完毕。（二次发酵膨胀到模具的4/5处即可）

烤焙

18 面团喷雾，盖上涂有起酥油的盖子。

19 放在200℃的烤箱里，烤焙30分钟。

20 烤焙后为了防止面包变形，应从模具内慢慢倒出面包。

要点

揉搓面团时，需要熟练的技巧和耐心才能揉搓成团。

将面团卷成棒状时，要用力卷紧。

材料：（8cm × 24cm 重奶油蛋糕模具 2 个）

A		准备水分	
高筋面粉	450g	水	200g
干酵母	9g	浓缩无糖炼乳	206g
砂糖	13g	**B**	
		盐	6g
		无盐奶油	35g

软质面包

奶香浓郁，柔软细腻，真是名副其实的美味！

和面、一次发酵

1 参照主食面包（第38、39页1～6项）进行和面、一次发酵。（发酵方法参照第12页。发酵方法有数种，需根据季节、室温的变化进行调节，因此请仔细阅读、正确操作）

2 一次发酵结束后，在面板上撒扑面，将面团整理出圆形，分割成2份。

3 用擀面杖擀成椭圆形。

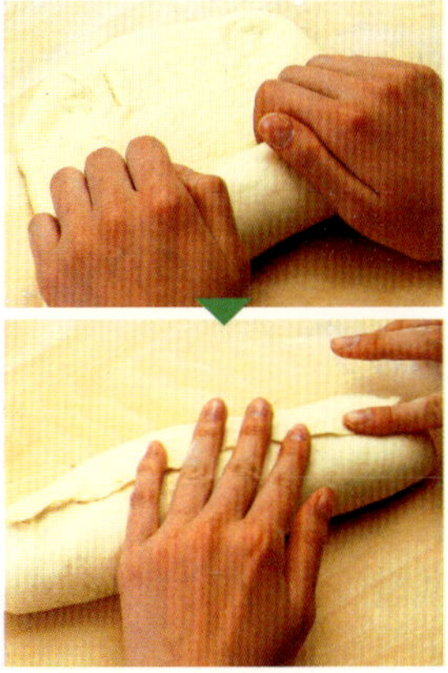

4 将面团卷成符合模具大小的棒状，粘牢合缝。

二次发酵

5 把成形的面团装入涂有起酥油的模具里，将模具放到烤盘上，进行二次发酵。（发酵方法参照第13页。发酵方法有数种，需根据季节、室温的变化进行调节，因此请仔细阅读、正确操作）

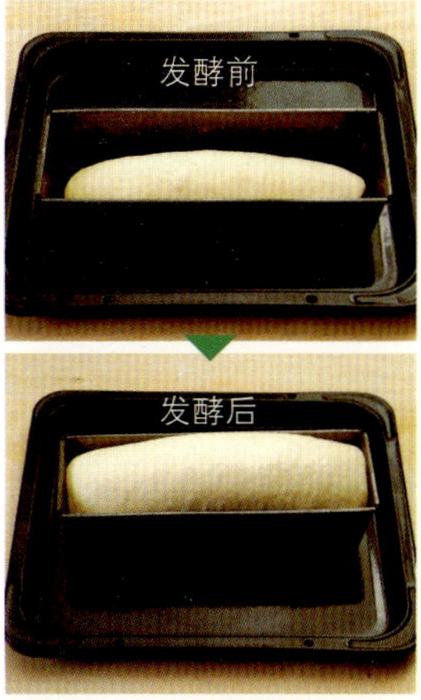

6 面团充分膨胀后，二次发酵完毕。

烤焙

7 发酵结束后，将面团的表面涂上鸡蛋液。

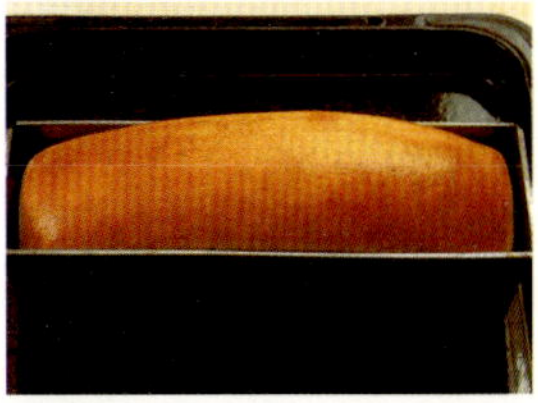

8 放在180℃的烤箱内，烤焙30分钟。

意式面包

意大利面粉那种细软的口感令人耳目一新！能够品尝到这种新式面包实在是一种享受！

材料：（6个份）

A		B	
高筋面粉	120g	盐	6g
干酵母	6g	橄榄油	6g
砂糖	3g	粗粒小麦粉	180g
准备水分		**后期**	
水	204g	意大利速食螺旋粉	适量

和面、分割、发酵

1 参照主食面包（第38、39页1～6项）进行和面、一次发酵。面团很松弛，但是并不是操作失败。（发酵方法参照第12页。发酵方法有数种，需根据季节、室温的变化进行调节，因此请仔细阅读、正确操作）

2 一次发酵结束之后，放到撒好扑面的面板上整理成圆形，分割成6等份。

成形

3 用手将面团向后滚动，整理成圆形。

4 烤盘上铺好烤焙用纸，将面团间隔地摆在上面，撒上粗粒小麦粉，面团中央用小刀切开开口。

二次发酵

5 用刀切开缝隙之后，进行二次发酵。（发酵方法参照第13页。发酵方法有数种，而且需根据季节、室温的变化进行调节，因此请仔细阅读、正确操作）

6 面团充分膨胀，二次发酵完毕。

烤焙

7 发酵结束后，将面团的表面撒上意大利速食螺旋粉，放在200℃的烤箱里，烤焙15分钟即可。

材料：（8cm × 24cm 重奶油蛋糕模具 2 个）

A		B	
高筋面粉	450g	盐	7g
干酵母	9g	橄榄油	20g
砂糖	23g		

准备水分

番茄汁	330g

番茄风味面包

具有西红柿的甜爽口味。圆溜溜的形状、嫩红的里层惹人喜爱，向西红柿爱好者强烈推荐！

和面、一次发酵

1 参照主食面包（第38、39页1～6项）进行和面、一次发酵。（发酵方法参照第12页。发酵方法有数种，需根据季节、室温的变化进行调节，因此请仔细阅读、正确操作）

分割、成形

2 一次发酵结束之后，放到撒好扑面的面板上整理成圆形，分割成8等份。

3 用手掌轻轻拍打放出气体，将面团向下整理成圆形。

4 模具涂上起酥油，每个模具放入4个面团。

二次发酵

5 把模具放在烤盘上，进行二次发酵。（发酵要根据季节、室温的变化进行调节。另外，还有使用烤箱发酵的方法，具体参照第13页）

6 面团充分膨胀后，二次发酵完毕。

烤焙

7 放入150℃的烤箱内烤焙10分钟，升至190℃烤焙20分钟即可。

鸡尾酒面包

鸡尾酒的甘甜满口余香，再配以喜爱的果酱，是不可多得的美味！

材料：

（750g主食面包模具1个）

A	
高筋面粉	300g
干酵母	6g
砂糖	18g
脱脂奶粉	9g
准备水分	
水	150g
鸡蛋	20g
鸡尾酒	35g
B	
盐	6g
无盐奶油	30g
后期	
玉米碎粒	适量
鸡蛋液	适量

和面、一次发酵

1 参照主食面包（第38、39页1～6项）进行和面、一次发酵。（发酵方法参照第12页。发酵方法有数种，需根据季节、室温的变化进行调节，因此请仔细阅读、正确操作）

成形

2 一次发酵结束之后，放到撒好扑面的面板上整理成圆形，分割成2等份。

3 将面团整理成圆形，用擀面杖擀成长为25cm左右的椭圆形。

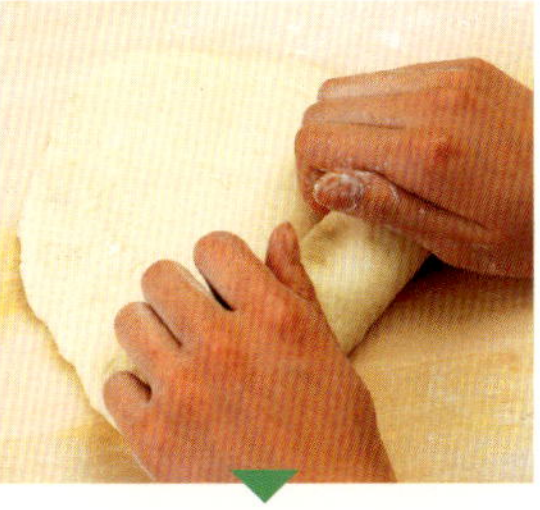

4 将面团从内向外卷成棒状，将封口处封严，做成2根。

5 只在成形的面团上面刷上鸡蛋液，粘上玉米碎粒，放入涂有起酥油的模具里。（同样方法做成另外一根）

二次发酵

6 把模具放在烤盘上，进行二次发酵。（发酵要根据季节、室温的变化进行调节。另外，还有使用烤箱发酵的方法，具体参照第13页）

7 面团充分膨胀后，二次发酵完毕。

烤焙

8 放入170℃的烤箱里烤焙35分钟。

9 烤成后脱模即可。

要点

将面团卷成棒状时，要用力卷紧。

玉米碎粒是事先捣碎备好的。

罂粟子面包

罂粟子咯吱咯吱的口感、葡萄干淡淡的甜味是难以阻挡的诱惑！

材料：（1个份）

A

高筋面粉	200g
干酵母	4g
砂糖	5g

准备水分

水	114g
鸡蛋	25g

B

盐	2g
无盐奶油	15g

内馅

葡萄干（要用热水洗干净，沥干水分）	50g
罂粟子	35g
牛奶	20g

后期

元宵粉或高筋面粉	适量

和面、分割、发酵

1 参照主食面包（第38、39页1～6项）进行和面，和面的最后把内馅用品（葡萄干、罂粟子和牛奶）一起倒入揉搓，进行一次发酵。（发酵方法参照第12页。发酵方法有数种，需根据季节、室温的变化进行调节，因此请仔细阅读、正确操作）

成形

2 一次发酵结束后放到撒好扑面的面板上整理成圆形，面团上也撒上扑面，擀成长约20cm的椭圆形。

3 将面团卷成棒状，用力捏紧。

二次发酵

4 烤盘上铺好烤焙用纸，将成形的面团摆在上面，撒上元宵粉，面团中央用小刀切开开口并进行二次发酵。（发酵方法参照第13页。发酵方法有数种，需根据季节、室温的变化进行调节，因此请仔细阅读、正确操作）

5 面团充分膨胀后，二次发酵完毕。

烤焙

6 发酵结束后，将面团的表面再撒上元宵粉，放在200℃的烤箱里烤焙10分钟，再调至180℃烤焙10分钟即可。

恺撒德式面包

是德国等地代表性的花纹图案，口感筋道，还有猪油别具一格的香味。

材料：（12个份）

A

高筋面粉	120g
法式面包专用粉	180g
干酵母	6g
砂糖	9g

准备水分

水	195g

B

盐	5g
猪油	9g

后期

白芝麻	适量
蛋清	适量
色拉油	适量
元宵粉或者高筋面粉	适量

※模具要用恺撒压花模具。

和面、发酵

1 参照主食面包（第38、39页1～6项）进行和面、一次发酵。（发酵方法参照第12页。发酵方法有数种，需根据季节、室温的变化进行调节，因此请仔细阅读、正确操作）

分割、成形

2 一次发酵结束后，面板上撒好扑面，取出面团，分成12等份。（分割12等份的操作方法参照第16页第10项）

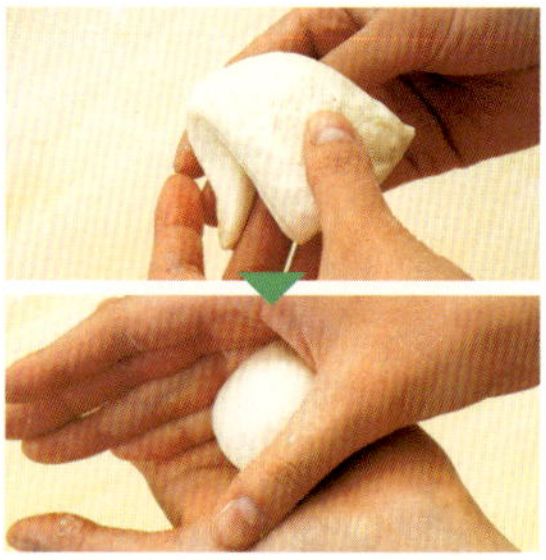

3 将面团向内折起，用手掌整理出圆形。

4 待全部揉圆之后，盖上保鲜膜，松弛10分钟。

5 10分钟后将面团刷上蛋清，再将面团的表面蘸上黑芝麻。

6 恺撒压花模具涂上色拉油，用力压住面团。

二次发酵

7 烤盘上铺好烤焙用纸，将成形的面团有间隔地摆在上面，进行二次发酵。（发酵方法参照第13页。发酵方法有数种，需根据季节、室温的变化进行调节，因此请仔细阅读、正确操作）

8 面团充分膨胀后，二次发酵完毕。

烤焙

9 将面团喷雾，放在200℃的烤箱里，烤焙12分钟即可。

可可圈

清淡的面团与甘甜的巧克力十分搭配，请与朋友喝茶时享用。

材料：

（直径18cm中空模具1个）

A

高筋面粉	300g
干酵母	6g
砂糖	20g
可可粉	10g

准备水分

水	165g
浓缩无糖炼乳	45g

B

盐	6g
起酥油	15g

内馅

巧克力	50g
无盐奶油（凉）	50g
巧克力薄片	适量

后期

糖粉	适量

要点

面皮上面涂巧克力时，为了防止巧克力流淌，距离面皮边缘1cm处不要涂。在卷面团时，要充分注意不要使巧克力扎漏面皮。

和面、一次发酵

1 参照主食面包（第38、39页1～6项）进行和面、一次发酵。（发酵方法参照第12页。发酵方法有数种，需根据季节、室温的变化进行调节，因此请仔细阅读、正确操作）

制作巧克力奶油

2 将巧克力用热水溶化，再放入凉奶油，搅拌至成为糊状。

成形

3 一次发酵结束后，面板上撒好扑面，取出面团，整理成圆形，用擀面杖擀成25cm × 30cm的长方形。

4 将步骤2制作的巧克力奶油涂在面团上（面团边缘要留出1cm左右间隙），撒上巧克力薄片。

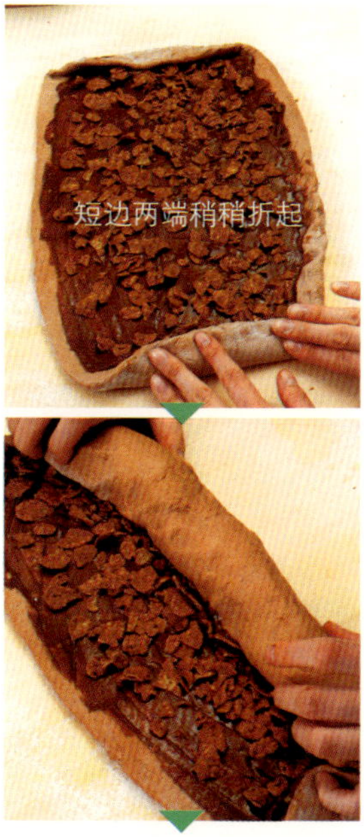

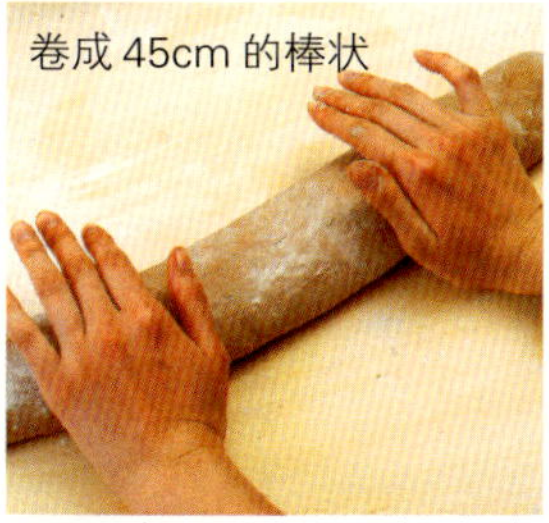

5 将短边两端稍微折起，把长边由内向外卷起，卷完之后，用手掌滚动成45cm左右的棒状。（卷完之后要把左右两边封好，以免巧克力流出）

6 放入涂有起酥油的模具里，将面团两端连接好。

二次发酵

7 把模具放在烤盘上，进行二次发酵。（发酵要根据季节、室温的变化进行调节。另外，还有使用烤箱发酵的方法，具体参照第13页）

8 面团充分膨胀后，二次发酵完毕。

烤焙

9 将面团放在180℃的烤箱里，烤焙20分钟。

10 烤成后脱模，撒上糖粉即可。

硬面包卷

微硬的质感、松脆的外皮，很受面包一族欢迎。

材料：（16 个份）

A	
高筋面粉	120g
法国粉	180g
干酵母	6g
砂糖	15g
脱脂奶粉	15g

准备水分

水	190g

B	
盐	5g
无盐奶油	9g

后期

色拉油	适量

和面、一次发酵

1 参照主食面包（第38、39页1～6项）进行和面、一次发酵。（发酵方法参照第12页。发酵方法有数种，需根据季节、室温的变化进行调节，因此请仔细阅读、正确操作）

分割、成形

2 一次发酵结束后，面板上撒好扑面，取出面团，用剪刀分成16等份。（先分成4等份，再将1/4分成4等份。）

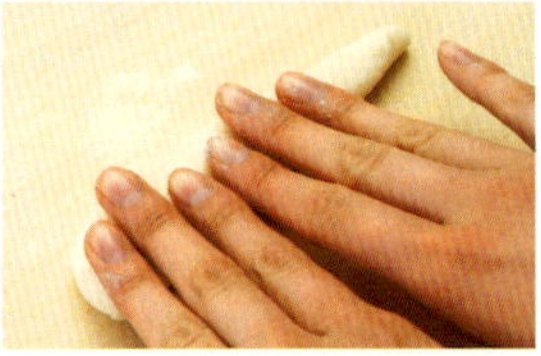

3 分割好的面团稍蘸上一些色拉油（为了防止面团干燥并使面团好揉搓），备用。

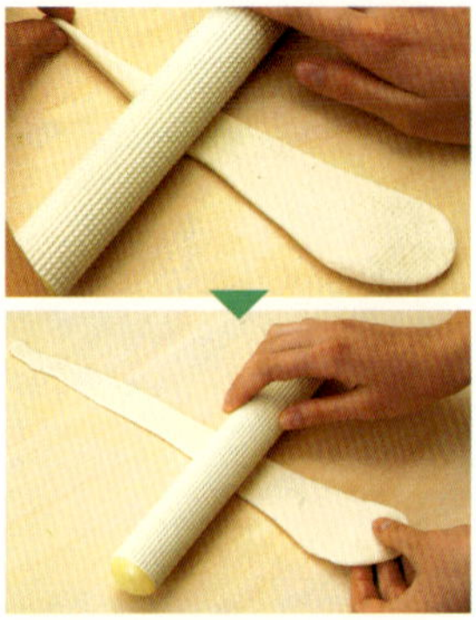

4 轻轻滚动面团，将面团贴在面板上，用手按住尖部，用另一只手将面团擀成宽50cm左右的面皮。

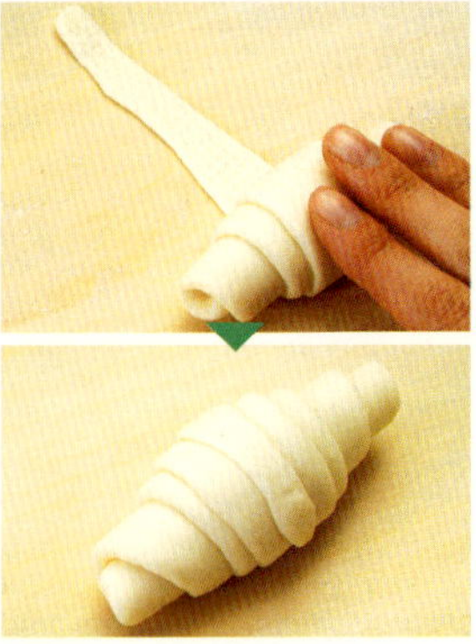

5 将面皮卷起。

二次发酵

6 烤盘上铺好烤焙用纸，将成形的面团有间隔地摆在上面，进行二次发酵。（发酵方法参照第13页。发酵方法有数种，需根据季节、室温的变化进行调节，因此请仔细阅读、正确操作）

7 面团充分膨胀后，二次发酵完毕。

烤焙

8 将面团喷雾，放在200℃的烤箱里烤焙12分钟即可。

材料：（3 个份）

A	
高筋面粉	180g
法式面包专用粉	120g
干酵母	6g
砂糖	9g
准备水分	
水	195g

B	
盐	5g
无盐奶油	15g
后期	
奶油	15g
盐	适量

奶油夹心面包

面团里夹着奶油，奶香四溢，更能凸显小麦粉的美味！

和面、发酵

1 参照主食面包（第38、39页1～6项）进行和面、一次发酵。（发酵方法参照第12页，发酵方法有数种，需根据季节、室温的变化进行调节，因此请仔细阅读、正确操作）

分割、成形

2 一次发酵结束后，面板上撒好扑面，取出面团，整理成圆形，分割成3等份。

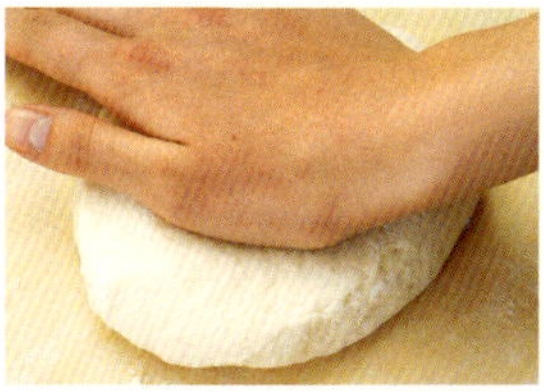

3 揉成团，用手掌轻轻拍打，放出里面的气体。

4 用擀面杖擀成15cm × 20cm的椭圆形，由内向外卷起。（卷完之后要粘牢）

5 用小刀在中央切开缝隙，将奶油夹在其中，撒上盐。

二次发酵

6 烤盘上铺好烤焙用纸，将成形的面团有间隔地摆在上面，进行二次发酵。（发酵方法参照第13页。发酵方法有数种，需根据季节、室温的变化进行调节，因此请仔细阅读、正确操作）

7 面团充分膨胀后，二次发酵完毕。

烤焙

8 将面团喷雾，放在200℃的烤箱里烤焙20分钟即可。

糙米面包

我想着一定要把有利于健康的糙米做成面包，于是做出了这种松软的面包！

材料：

（直径21cm高边模具1个份）

A

高筋面粉	180g
干酵母	6g
三温糖	21g

准备水分

糙米	125g
水	170g
鸡蛋	50g

B

盐	5g
无盐奶油	15g

内馅

枸杞子	50g
松仁	50g

后期

元宵粉或高筋面粉	适量

要点

准备水分的制作方法与其他不同，请多加注意。将糙米、水、鸡蛋用搅拌机搅拌3分钟，取出之后要精确地量出334克。使用糙米时无须清洗。

制作准备水分

1 将糙米、水、鸡蛋用搅拌机搅拌3分钟，搅拌完之后精确地量出 334g。

和面、一次发酵

2 参照主食面包（第38、39页1～6项）进行和面、一次发酵。（发酵方法参照第12页。发酵方法有数种，需根据季节、室温的变化进行调节，因此请仔细阅读、正确操作）

成形

3 一次发酵结束后，面板上撒好扑面，取出面团，用擀面杖擀平。

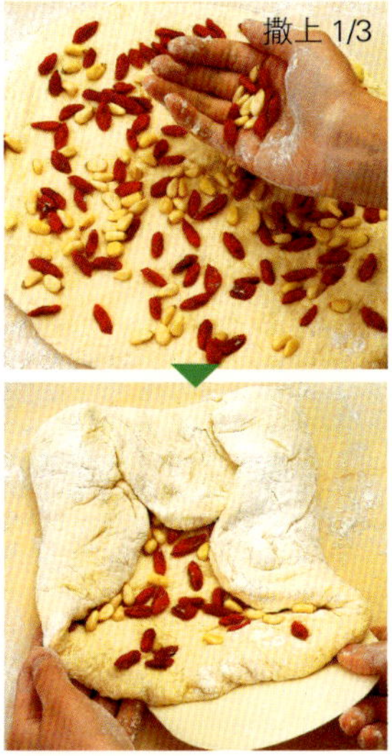

4 将枸杞子和松仁分成3等份，取1/3撒在擀好的面皮上，折成四方形。

5 再用擀面杖擀平，撒上枸杞子和松仁，折成四方形。

6 重复步骤5，将合缝处封紧。

7 将面团折成一半，揉成团。

8 将模具涂上起酥油，合缝朝下放入面团，用手按平。

二次发酵

9 把模具放在烤盘上，进行二次发酵。（发酵要根据季节、室温的变化进行调节，另外还有使用烤箱发酵的方法，具体参照第13页）

10 面团充分膨胀后，二次发酵完毕。

烤焙

11 将面团喷雾，放在没有余热的烤箱里，调至200℃烤焙15分钟，再下降至170℃烤焙15分钟。

12 烤成后脱模即可。

杂粮面包

现在流行的是杂粮面包，既有利于身体，又美味可口，真可谓一举两得！

全麦面包

不仅有利于健康，而且口感好，如果配上奶酪或带有酸味的果酱食用味道更佳！

材料：

（750g主食面包模具1个）

A	
高筋面粉	280g
干酵母	7g
砂糖	30g
准备水分	
水	180g
鸡蛋	40g
B	
盐	6g
起酥油	18g
C	
全麦面粉	70g
研碎的芝麻	18g

和面

1 将A（高筋面粉、干酵母、砂糖）倒入盆中，略作搅拌。

2 做个窝，加入准备水分（水、鸡蛋）。（根据室温的不同，准备水分的温度也有所不同，具体参照第13页）

3 整个面团成为一个整体后，放在面板上揉搓10分钟左右，拉伸面团，再复原，反复操作，增加面团的筋性。（因为面团比较黏，要用刮片集中面团再反复用手拉伸）

4 面团达到一定程度的柔软之后，加入B（盐、起酥油），揉到一起再放C（全麦面粉、研碎的芝麻），继续揉搓直至表面光滑。

5 将面团向内揉成团。

一次发酵

6 把面团放入塑料袋中，轻轻系上袋口，放在40℃的热水中30～40分钟，使其一次发酵。塑料袋中充满气体完全胀起时，第一次发酵结束。（热水温度要根据季节、室温的变化进行调节，另外还有使用烤箱发酵的方法，具体参照第12页）

分割、成形

7 面板上撒好扑面，取出面团，轻轻揉成团，面团上也要撒扑面备用。

8 用手掌轻轻拍打放出气体，将面团擀成20cm × 25cm的椭圆形。

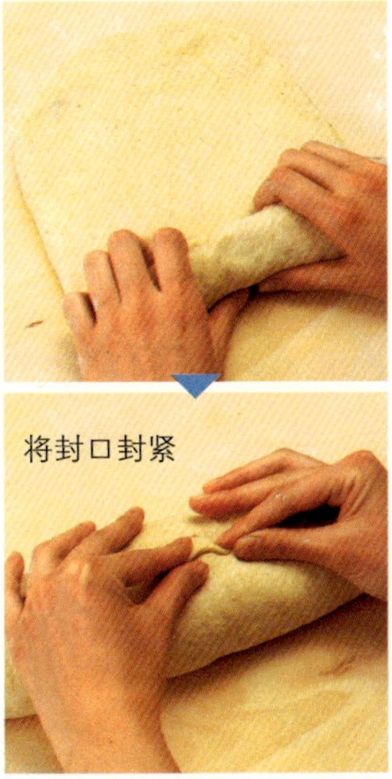

9 由内向外用力卷成粗棒状，卷完之后务必将封口封紧。

10 将面坯封口，向下放入涂有起酥油的模具中。

二次发酵

11 将模具放在烤盘上，用保鲜膜轻轻包住，向大锅或盆中注入热水，将烤盘放在上面30分钟，使其二次发酵。（发酵根据季节、室温的变化进行调节，另外还有使用烤箱发酵的方法，具体参照第13页）

12 面团充分膨胀后，二次发酵完毕。

烤焙

13 将面团喷雾，放在200℃的烤箱里，烤焙20分钟，再下降至170℃烤焙15分钟。

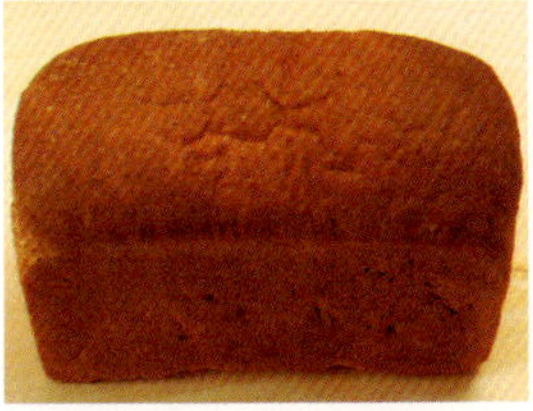

14 烤成后脱模即可。

胚芽面包

大量地使用麦芽，美容效果奇佳，是女性朋友的最爱！

材料：（12个份）

A	
高筋面粉	300g
干酵母	6g
三温糖	20g
脱脂奶粉	6g
准备水分	
水	195g
B	
盐	6g
起酥油	15g
C	
小麦胚芽	30g
后期	
鸡蛋清	适量

和面、一次发酵

1 参照全麦面包（第54、55页1～6项）按照顺序进行和面、一次发酵。（发酵方法参照第12页。发酵方法有数种，需根据季节、室温的变化进行调节，因此请仔细阅读、正确操作）

分割、成形

2 一次发酵结束后，面板上撒好扑面，取出面团，整理成圆形，分割成12等份。（具体分割方法请参照第16页步骤10）

3 将三角形向外折叠，用擀面杖擀成手掌大小的长方形。

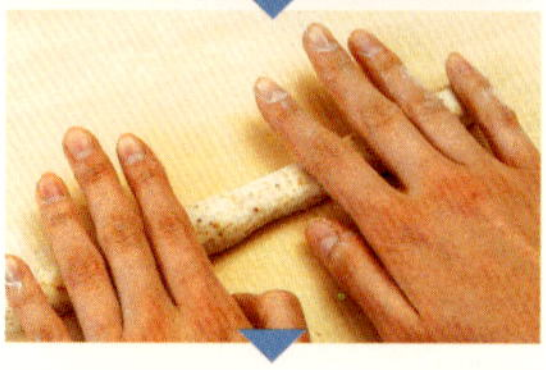

4 卷成棒状，弯成弓形。

二次发酵

5 烤盘上铺好烤焙用纸，将成形的面团有间隔地摆在上面，进行二次发酵。（发酵方法参照第13页。发酵方法有数种，而且需根据季节、室温的变化进行调节，因此请仔细阅读、正确操作）

6 面团充分膨胀后，二次发酵完毕。

烤焙

7 发酵结束后，刷上鸡蛋清。

8 将面团喷雾，放在200℃的烤箱里，烤焙10分钟，再调至160℃烤焙10分钟即可。

奶酪面包

香甜浓郁的奶酪味道与胡椒麻辣刺舌的口感，味道很棒！

材料：（直径 8cm × 24cm 重奶油蛋糕模具 2 个）

A		B	
高筋面粉	400g	盐	9g
干酵母	14g	奶油	20g
砂糖	9g	**C**	
准备水分		全麦面粉	50g
牛奶	194g	奶酪	150g
鸡蛋	113g	粗磨胡椒	2g
		后期	
		鸡蛋液	适量

和面、一次发酵

1 参照全麦面包（第54、55页1～5项）按照顺序进行和面、一次发酵。（发酵方法参照第12页。发酵方法有数种，需根据季节、室温的变化进行调节，因此请仔细阅读、正确操作）

2 一次发酵结束后，面板上撒好扑面，取出面团，整理成圆形，分割成2份。

3 用擀面杖擀成大小适中的椭圆形。

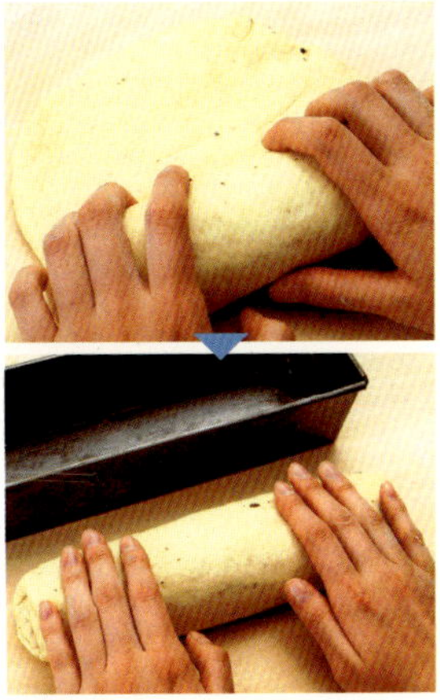

4 将面团卷成符合模具大小的棒状，粘牢合缝。

5 把成形的面团装入涂有起酥油的模具里。

二次发酵

6 将模具放到烤盘上，进行二次发酵。（发酵方法参照第13页。发酵方法有数种，而且需根据季节、室温的变化进行调节，因此请仔细阅读、正确操作）

7 面团充分膨胀后，二次发酵完毕。

烤焙

8 发酵结束后，将面团的表面涂上鸡蛋液。

9 放在180℃的烤箱里烤焙30分钟即可。

黑面包

将柔软的面团放在编筐中，烤焙出厚实的面包。刚出炉的热腾腾的面包，咬上一口，味道和口感难以忘怀！

材料：
（12cm × 15cm × 10cm编筐1个）

A

高筋面粉	280g
干酵母	7g
砂糖	30g

准备水分

水	180g
鸡蛋	40g

B

盐	6g
橄榄油	18g

C

黑麦面粉	70g

内馅

鸡蛋液	适量
碾碎的坚果	100g
黑麦面粉	适量

和面、一次发酵

1 参照全麦面包（第54、55页1～5项）按照顺序进行和面、一次发酵。（发酵方法参照第12页。发酵方法有数种，而且需根据季节、室温的变化进行调节，因此请仔细阅读、正确操作）

分割、成形

2 一次发酵结束后，面板上撒好扑面，取出面团，整理成圆形，只取下 1/3。

3 将面揉成团，用擀面杖擀成椭圆形。小面团（1/3）擀成 15cm × 30cm 大小，大面团（2/3）擀成 20cm × 25cm 大小。

4 将两个面皮刷上鸡蛋液，撒上碾碎的坚果。（如图所示，细长的面皮要多撒）

5 将细长的面皮卷成棒状。

6 如图所示，再用大面皮（2/3）包住。

7 包好之后，放入铺有烤焙用纸的编筐中，撒上黑麦面粉，用小刀在中央划开缝隙。

二次发酵

8 将编筐放到烤盘上，进行二次发酵。（发酵方法参照第 13 页。发酵方法有数种，需根据季节、室温的变化进行调节，因此请仔细阅读、正确操作）

9 面团充分膨胀后，二次发酵完毕。

烤焙

10 发酵结束后，将面团的表面喷雾，放入 200℃的烤箱中烤焙 15 分钟，再调至 170℃烤焙 15 分钟即可。

材料：（12根份）

A	
高筋面粉	150g
干酵母	6g
三温糖	15g
准备水分	
水	165g
B	
盐	5g
猪油	6g

C	
全麦面粉	90g
黑麦面粉	60g
橘皮果脯	50g
葡萄干	90g
核桃仁	50g
后期	
鸡蛋清	适量
燕麦片	适量

水果棒

一根小小的水果棒浓缩着大量的水果，是百吃不厌的美味！

和面、一次发酵、

1 参照全麦面包（第54、55页1～5项）按照顺序进行和面、一次发酵。（发酵方法参照第12页。发酵方法有数种，需根据季节、室温的变化进行调节，因此请仔细阅读、正确操作）

分割、成形

2 一次发酵结束后，面板上撒好扑面，取出面团，分割成12等份。（具体12等份的分割方法参照第16页步骤10）

3 分割完之后用手掌将面团揉成长20cm左右的棒状。

4 将面棒刷上鸡蛋清，粘上燕麦片。

二次发酵

5 烤盘上铺好烤焙用纸，将成形的面团有间隔地摆在上面，进行二次发酵。（发酵方法参照第13页。发酵方法有数种，需根据季节、室温的变化进行调节，因此请仔细阅读、正确操作）

6 面团充分膨胀后，二次发酵完毕。

烤焙

7 将烤箱加热至230℃，将面团放入烤箱内，充分喷雾，调至200℃的烤箱中烤焙15分钟即可。

田园风味面包

沉甸甸的感觉，越嚼那种自然的香甜就越浓郁。

材料：（12cm × 15cm × 10cm 编筐 1 个）

A

高筋面粉	180g
干酵母	6g
砂糖	6g

准备水分

水	204g

B

盐	6g

C

黑麦面粉	24g
燕麦片	96g

后期

黑麦面粉	适量

和面、一次发酵

1 参照全麦面包（第54、55页1～5项）按照顺序进行和面、一次发酵。（发酵方法参照第12页。发酵方法有数种，需根据季节、室温的变化进行调节，因此请仔细阅读、正确操作）

成形

2 一次发酵结束后，面板上撒好扑面，取出面团，整理成圆形，将面团也撒上扑面，擀成12cm × 20cm的椭圆形。

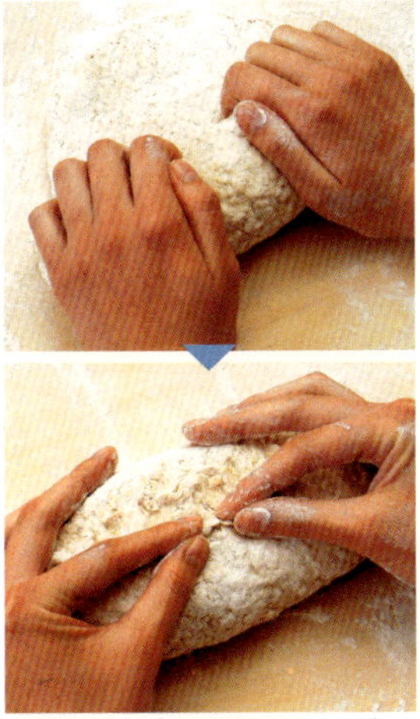

3 卷成粗棒状。（封口要封牢）

4 放入铺好烤焙用纸的编筐中，撒上黑麦面粉。

二次发酵

5 将编筐放到烤盘上，进行二次发酵。（发酵方法参照第13页。发酵方法有数种，需根据季节、室温的变化进行调节，因此请仔细阅读、正确操作）

6 面团充分膨胀后，二次发酵完毕。

烤焙

7 将烤箱加热至230℃，将面团放入烤箱内，充分喷雾，调至200℃的烤箱中烤焙40分钟即可。

玉米面包

松软的面质、香甜的玉米、沙爽的燕麦片，口感绝妙！

材料：

（12cm × 15cm × 10cm编筐1个）

A

高筋面粉	280g
干酵母	7g
三温糖	30g

准备水分

水	180g
鸡蛋	40g

B

盐	6g
橄榄油	18g
燕麦片	70g

C

甜玉米	100g

后期

鸡蛋液	适量
燕麦片	适量

和面、一次发酵

1 参照全麦面包（第54、55页1～5项）按照顺序进行和面、一次发酵。（发酵方法参照第12页。发酵方法有数种，需根据季节、室温的变化进行调节，因此请仔细阅读、正确操作）

成形

2 一次发酵结束后，面板上撒好扑面，取出面团，整理成圆形，将面团也撒上扑面，擀成20cm × 40cm的长方形。

3 擀好的面皮刷上鸡蛋液，嵌上甜玉米，卷成棒状，封口要封牢。

4 托盘里准备好燕麦片，将涂有鸡蛋液的面团裹满燕麦片。

5 将面团分成8等份，用小刀切开缝隙，放入铺有烤焙用纸的编筐里。

二次发酵

6 将编筐放到烤盘上，进行二次发酵。（发酵方法参照第13页。发酵方法有数种，需根据季节、室温的变化进行调节，因此请仔细阅读、正确操作）

7 面团充分膨胀后，二次发酵完毕。

烤焙

8 二次发酵结束之后，将面团放入200℃的烤箱内烤焙15分钟，再调至170℃烤焙15分钟即可。

土耳其面包

有浓郁的土耳其风味，如果切开、夹上熏制鸡肉，更是别样心情！

材料：（6个份）

A	
高筋面粉	240g
干酵母	3g
准备水分	
水	210g
B	
盐	2g
C	
全麦面粉	60g
后期	
鸡蛋液	适量
白芝麻	适量

和面、一次发酵

1 参照全麦面包（第54、55页1～5项）按照顺序进行和面、一次发酵。（发酵方法参照第12页。发酵方法有数种，需根据季节、室温的变化进行调节，因此请仔细阅读、正确操作）

分割、成形

2 一次发酵结束后，面板上撒好扑面，取出面团，将面团分割成6等份。

3 再用擀面杖擀成直径12cm左右的圆形。

4 刷上鸡蛋液，撒上白芝麻。

烤焙

5 将面团放入高温的烤面包电炉内，烤至听到“嘭”的一声即可（4～5分钟）。

要点

将面团放入高温的烤面包电炉中时，因为炉内高温，要注意烫伤。

面团4～5分钟就会膨起，因此确定充分膨起就要立即取出。

法式羊角面包和奶油糕点

虽然有些费时费力，只要不灰心，就可以自己做出法式羊角面包和奶油糕点。

法式羊角面包

虽然有些麻烦，尝试着做一次法式小面包，就会感觉到变化无穷！

材料：（12个份）

高筋面粉	60g
法式面包专用面粉	240g
砂糖	24g
脱脂奶粉	15g
准备水分	
干酵母	9g
水	183g
盐	5g
无盐奶油	15g
夹心用	
发酵的无盐奶油（或者无盐奶油）	150g
后期	
鸡蛋液	适量

和面

1 将高筋面粉、法式面包专用粉、砂糖、脱脂奶粉、盐倒入盆中，用手稍微搅拌。

加入准备水分

加入无盐奶油

2 在中央做个窝，加入准备水分（干酵母和水），再加入无盐奶油，快速搅拌。（准备水分的温度根据室温的不同有所变化，具体参照第 13 页）

3 搅拌至均匀后，拿到面板上，揉至奶油大致均匀即可，表面不太平整也没有关系。

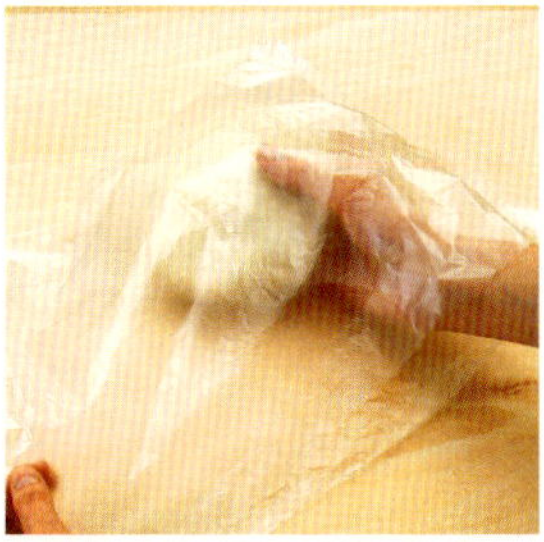

4 切开塑料袋的侧面，放入面团，在室温下松弛 5 分钟。

分割、成形

5 5 分钟后，面板撒上扑面，取出面团，用擀面杖擀成 15cm × 20cm 左右的椭圆形。

6 将擀好的面皮按照步骤4那样夹入保鲜膜中，放在托盘里，置冷冻箱静置20分钟。

7 将面团从冷冻箱中取出，用擀面杖擀成 20cm × 35cm 左右的长方形。

8 将用手指可以按动的凉奶油切成丝，面皮的 2/3 铺满奶油。

9 用汤匙背将奶油抹平。

10 从没有粘上奶油的面皮先折起，折成三折。

11 将折成三折的面团夹在保鲜膜中，放在托盘里，置冷冻箱静置 20 分钟。

12 在面板撒上扑面，取出面团，用擀面杖将两端压紧（为了防止奶油漏出），然后慢慢擀成 20cm × 40cm 的长方形。

13 将面皮折成三折。

14 再将折成三折的面团夹在保鲜膜中，放在托盘里，置冷冻箱静置20分钟。

15 重复步骤11～13。（每擀一次，面皮会延长一些，第三次擀成20cm×50cm大小，折成三折）

16 面板撒上扑面，将面皮从冷冻箱中取出，擀成21cm×58cm的长方形，切除面皮的外边儿，余下20cm×56cm大小。

17 在靠近自己的一侧做出8cm（6等份）的记号，对面距离左侧4cm处做出记号，然后每8cm做记号，用小刀连接两端记号切开。

18 在三角形的底边切个1.5cm长的小口。（可做成13个三角形）

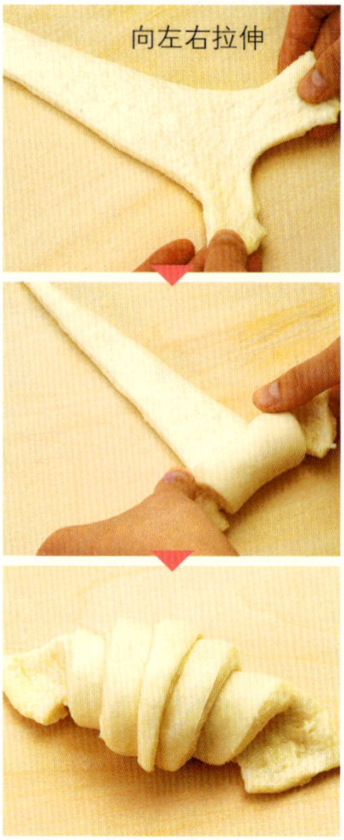

19 将三角形底边向左右两边撑开，向前卷起。

二次发酵

20 烤盘上铺好烤焙用纸，将成形的面团有间隔地摆在上面，进行二次发酵。（发酵方法参照第13页。发酵方法有数种，需根据季节、室温的变化进行调节，因此请仔细阅读、正确操作）

要点

制作羊角面包面团时，放入冷冻箱中静置、拉伸的过程要经过多次，因此需注意不要记错了。面皮上涂奶油之后放入冷冻箱，再取出拉伸的过程有4次。最好在某个地方做好核对的记号。

21 面团充分膨胀后，二次发酵完毕。

烤焙

22 刷上鸡蛋液（要特别注意不要沾到分层处），放入180℃的烤箱内烤焙10分钟即可。

巧克力丹麦面包

奶油与巧克力芳香浓郁，看上一眼就会觉得可爱、时尚。

材料：（铝箔纸杯 12 个）

高筋面粉	60g
法式面包专用面粉	240g
砂糖	24g
脱脂奶粉	15g
准备水分	
干酵母	9g
水	183g
盐	5g
无盐奶油	15g
内馅	
巧克力（捣碎）	100g
夹心用	
无盐奶油液	适量
后期	
细砂糖	适量

和面

1 参照法式羊角面包（第 64、65 页 1～6 项）按照顺序进行和面，放置冷冻箱中松弛 20 分钟。

分割、成形

2 面板撒上扑面，取出面团，擀成 25cm × 50cm 大小。

3 撒上巧克力，卷成棒状。（合缝处要封紧）

4 用小刀分割成 12 等份，放入铝箔纸杯中。

二次发酵

5 烤盘上铺好烤焙用纸，将铝箔纸杯有间隔地摆在上面，进行二次发酵。（发酵方法参照第13页。发酵方法有数种，而且需根据季节、室温的变化进行调节，因此请仔细阅读、正确操作）

6 面团充分膨胀后，二次发酵完毕。

烤焙

7 将胎坯表面撒上细砂糖。

8 放入180℃的烤箱内烤焙 10 分钟即可。

水果丹麦面包

用羊角面包的材料放上喜欢的水果，具有甜美、雅致的风味。

材料：（10个份）

高筋面粉 ……… 60g
法式面包专用面粉 ……… 240g
砂糖 ……… 24g
脱脂奶粉 ……… 15g

准备水分

干酵母 ……… 9g
水 ……… 183g

盐 ……… 5g
无盐奶油 ……… 15g

夹心用

无盐奶油液 ……… 150g

表层

喜欢的水果 ……… 适量
牛奶蛋糊（参照第72页材料栏）

后期

杏子酱 ……… 适量

和面

1 参照法式羊角面包（第64、65页1～6项）按照顺序进行和面，放置冷冻箱中松弛20分钟。

成形

2 面板撒上扑面，将面团擀成21cm×41cm大小。

3 用小刀切除面皮的边缘使之成为20cm×40cm的长方形。

4 按照横向5等份、纵向2等份做好标记，用小刀分割成10份。

5 将每个面皮的四角切个2cm左右的小口。

6 放在铺有烤焙用纸的烤盘上，以挤花袋将牛奶蛋糊挤上一层，再摆上喜欢的水果。

二次发酵

7 摆上水果之后，进行二次发酵。（发酵方法参照第13页。发酵方法有数种，需根据季节、室温的变化进行调节，因此请仔细阅读、正确操作）

8 面团充分膨胀后，二次发酵完毕。

烤焙

9 放入180℃的烤箱内烤焙10分钟，再在表层涂上杏子酱。

奶油糕点

大量地使用了奶油与鸡蛋，浓郁的奶香、可爱的外形，很适合做午后的甜点。

材料：

（直径 6.5cm 奶油蛋糕模具 16 个）

高筋面粉	200g
干酵母	6g
砂糖	20g

准备水分

牛奶	40g
鸡蛋	110g

盐	4g
无盐奶油	70g

后期

鸡蛋液	适量

要点

和面的时候，由于很松弛、粘连，要好好利用刮片和面。

发酵后，一定要称量重量，正确地分割成 16 等份。

和面

1 将高筋面粉、干酵母、砂糖、盐倒入盆中，用手稍微搅拌。在中央做个窝，加入牛奶和水混合成的准备水分，充分搅拌。（准备水分的温度根据室温的不同有所变化，具体参照第 13 页）

2 搅拌均匀后，拿到面板上，用力揉搓面团10分钟。

3 加入用手指可以按动的凉奶油，揉搓10分钟左右，直至奶油完全融合于面团。（面团会粘连，因此要用刮片聚集到一起反复揉搓）

一次发酵

4 把面团放入塑料袋中，轻轻系上袋口，放在40℃的热水中静置30～40分钟，使其一次发酵。塑料袋中充满气体完全胀起时，一次发酵结束。（热水温度要根据季节、室温的变化进行调节，另外还有使用烤箱发酵的方法，具体参照第12页。）

分割

5 从塑料袋中取出前进行称重。

6 开始分割，但是由于面团发黏，将塑料袋剪开，垫在下面。

7 用刮片切割面团，称重，分割成16等份。

8 用手掌面揉成团，铝箔纸杯涂上起酥油，将面团规整的一面朝上放入其中。

二次发酵

9 烤盘上铺好烤焙用纸，将铝箔纸杯间隔地摆在上面，进行二次发酵。（发酵方法参照第13页。发酵方法有数种，需根据季节、室温的变化进行调节，因此请仔细阅读、正确操作）

10 面团充分膨胀后，二次发酵完毕。

烤焙

10 将胎坯表面刷上鸡蛋液，放入180℃的烤箱内烤焙10分钟即可。

苏格兰酥皮

杏仁风味的蛋白酥皮松脆可口，更有苹果清凉的感觉，两者相得益彰。

材料：(2个份)	
高筋面粉	200g
干酵母	6g
砂糖	20g
准备水分	
牛奶	40g
鸡蛋	110g
盐	4g
无盐奶油	70g
表层	
鸡蛋清	50g
细砂糖	50g
杏仁	40g
内馅	
苹果	1个
葡萄干	适量
后期	
鸡蛋液	适量
糖粉	适量
铝箔	适量

和面、一次发酵

1 参照奶油糕点(69、70页1～4项)按照顺序进行和面，一次发酵。(发酵方法参照第12页。发酵方法有数种，需根据季节、室温的变化进行调节，因此请仔细阅读、正确操作)

成形

2 铝箔(约50cm长)上撒扑面，取出面团，多撒上扑面，用擀面杖擀成25cm×40cm左右的长方形。

3 将切成1cm左右的苹果块和葡萄干散落在面皮上，拿着铝箔向上卷起面皮。

4 卷完之后，将封口朝下，用刮片切成2等份。

二次发酵

5 烤盘上铺好烤焙用纸，摆上面团，进行二次发酵。(发酵方法参照第13页。发酵方法有数种，需根据季节、室温的变化进行调节，因此请仔细阅读、正确操作)

6 面团充分膨胀后，二次发酵完毕。

制作内馅(在二次发酵期间完成)

7 盆里倒入鸡蛋清，放在50℃的热水中，用手提搅拌机或打泡器将鸡蛋清打发，加入杏仁，用橡皮刮刀迅速搅拌。

烤焙

8 将步骤7制作的蛋白酥皮原料均匀涂满面团表面，撒上糖粉。

9 放入170℃的烤箱内烤焙25分钟即可。

芳香奶油蛋糊面包

香甜的奶油蛋糊配上槭糖汁，堪称奢华的甜点。

材料：

（直径18cm圆形模具1个）

高筋面粉 200g
干酵母 6g
砂糖 20g

准备水分

牛奶 40g
鸡蛋 110g

盐 4g
无盐奶油 70g

内馅（牛奶蛋糊的制作）

低筋面粉.大量匙1匙
砂糖 50g
鸡蛋 1个
牛奶 250ml
香草油（或者香草精）
.... 少许
杏子酱...大量匙2匙

后期

槭糖汁 .... 适量

牛奶蛋糊的制作方法

1 将低筋面粉和砂糖倒入盆中，充分搅拌。

2 加入鸡蛋，充分搅拌至液体发白。

3 慢慢边倒入牛奶边搅拌，再加入香草油。

4 移至锅中。

5 中火中煮，同时用耐热的橡皮刮刀或木铲不停地搅拌。沸腾之后关火，装入挤花袋中冷却备用。

和面、一次发酵

6 参照奶油糕点（第69、70页1～4项）按照顺序进行和面，一次发酵。（发酵方法参照第12页。发酵方法有数种，而且需根据季节、室温的变化进行调节，因此请仔细阅读、正确操作）

成形

7 切开塑料袋垫在下面，撒上扑面，将面揉成团。

8 用剪刀将面分割成2个，揉成团。

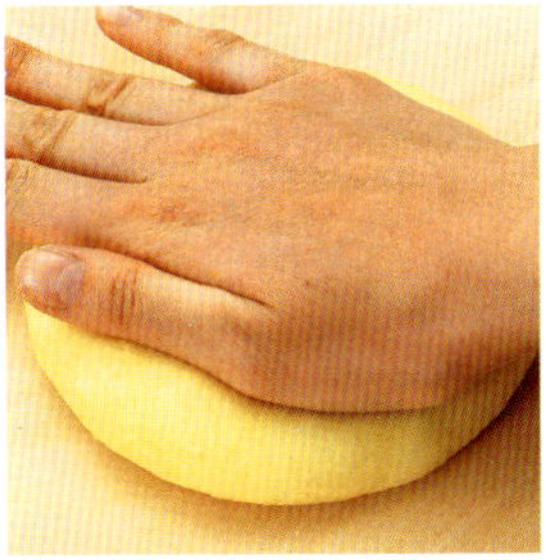

9 用一只手掌轻轻按压放出气体。

10 涂上杏子酱，另一个面团也轻轻按压，盖在上面，做成三明治。

11 将圆形模具铺上烤焙用纸，放入面团，将牛奶蛋糊挤入面团。

二次发酵

12 烤盘上铺好烤焙用纸，摆上面团，进行二次发酵。（发酵方法参照第13页。发酵方法有数种，需根据季节、室温的变化进行调节，因此请仔细阅读、正确操作）

13 面团充分膨胀后，二次发酵完毕。

烤焙

14 放入180℃的烤箱内，烤焙20分钟，淋上槭糖汁即可。

速成面包（不含酵母菌）

这里介绍的面包1小时就可轻松完成，形态可爱，种类多多，务必要了解。

蓝莓烤饼

酸奶里加入了蓝莓的果肉，制成烤饼，外表酥脆，内里滑润，凉吃也很美味。

材料：

（直径6cm菊花模具8～9个）

低筋面粉 200g
酵母粉..小量匙$1\frac{1}{2}$匙
盐 ... 小量匙1/6匙
砂糖 30g
无盐奶油 100g
蓝莓酸奶 130ml

搅拌

1 将低筋面粉、酵母粉、盐、砂糖倒入盆中，略作搅拌。

2 加入手指可以按动的冷奶油，用手掌摩搓奶油和面粉，使其成为肉松状。

3 加入蓝莓酸奶，用橡皮刮刀进行初步搅拌。(小麦粉不太融合也没有关系)

成形、分割

4 面板撒上足够的扑面，取出面团，面团上也撒上扑面。

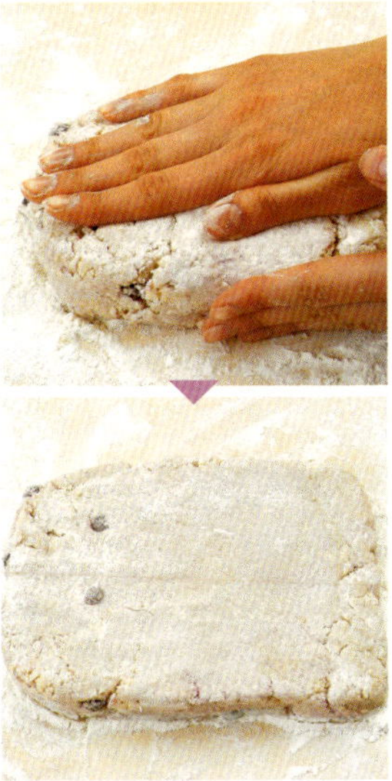

5 用手将面团按压成厚2.5cm的长方形。

6 分割成2个，将两个面皮合在一起，再按压成厚2.5cm的长方形。

7 将步骤6重复3次，用擀面杖擀成13cm × 20cm左右的长方形。

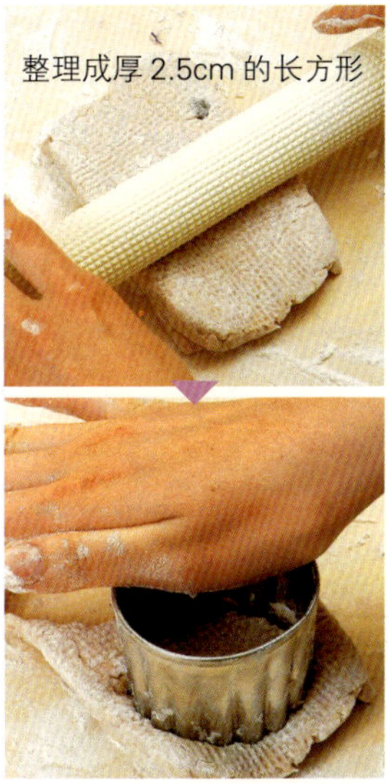

8 用菊花模具将面皮拔出，剩余部分聚集整理之后再用模具拔出。

烤焙

9 将胎坯有间隔地放入铺有烤焙用纸的烤盘上，放入200℃的烤箱内，烤焙10分钟，再调至170℃烤焙15分钟即可。

材料：

（直径18cm圆形模具1个）

高筋面粉 …… 50g
低筋面粉 …… 50g
砂糖 ………… 3g
盐 …………… 3g
鸡蛋清 ……… 140g
豆奶 ………… 120g

模具涂料

色拉油 ……… 适量

烤松饼

中空的松饼，口感筋道、酥爽，形状奇特，适合做成三明治。

搅拌

1 将高筋面粉、低筋面粉、砂糖、盐倒入盆中，略作搅拌。

2 逐渐加入鸡蛋清和豆奶，用打泡器充分打发至滑润。

成形

3 模具涂上足够的色拉油，倒入面浆。
※如果涂不均匀，面浆会粘到模具上不膨胀。

烤焙

4 将模具放在烤盘上，放入220℃的烤箱内烤焙30分钟，再调至180℃烤焙10分钟即可。

材料：（20 个份）

木薯粉	300g
盐	小量匙 1/4 匙
水	300g
色拉油	40g
奶油	大量匙 1 匙
鸡蛋	3 个
荷兰球形干酪	150g

木薯脆皮酥

奶酪浓郁的奶香、滑润的口感让人着迷！

搅拌

1 将木薯粉、盐倒入盆中，略作搅拌。

2 将水、色拉油、奶油倒入锅中，煮沸后立即倒入盆中，快速搅拌。

※因为热，因此需冷却 4～5 分钟备用。

3 将鸡蛋和奶酪的混合物倒入盆中，充分搅拌。

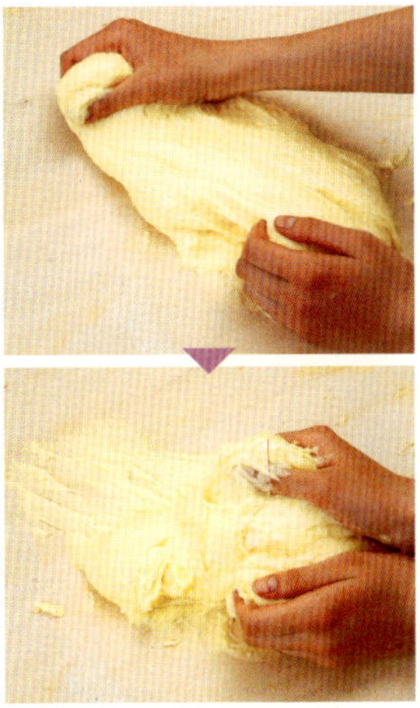

4 面板撒上扑面，取出面团，揉搓至面团均匀而柔软。

※因为面团特别稀，使用刮片更加方便。

成形

5 将整理成圆形的面团分割成 20 等份。

6 手一边蘸水一边将面揉成光滑的面团。

烤焙

7 将胎坯有间隔地放入铺有烤焙用纸的烤盘上，放入 200℃的烤箱内烤焙 20 分钟，再调至 160℃烤焙 10 分钟即可。

姜味松饼

有浓浓酸味的腌渍姜片散发出若隐若现的生姜的芳香，做成面包竟格外可口。

材料：（松饼模具6个）

无盐奶油	120g
砂糖	100g
鸡蛋	2个
杏仁粉	25g
低筋面粉	100g
姜粉	小量匙1匙
发酵粉	小量匙1/3匙

内馅

腌渍姜片	30g
细砂糖	大量匙1匙

搅拌

1 将奶油放入盆中，用手提搅拌机搅拌至柔软。

2 加入砂糖，搅拌至发白。（裹进充足的空气）

2 将鸡蛋搅拌均匀，分3～4次加入，搅拌。（加入鸡蛋液时，加入少许低筋面粉则可防止奶油分解）

4 加入杏仁粉、低筋面粉、盐、姜粉，用手提搅拌机搅拌。

5 再加入腌渍姜片、细砂糖拌匀。

成形

6 将面浆装入挤花袋中，挤到松饼模具约4/5处即可。

烤焙

7 将模具有间隔地放入铺有烤焙用纸的烤盘上，放入180℃的烤箱内烤焙25分钟即可。

摩卡松饼

使用了咖啡豆，回味悠长，再配以鲜奶油，可使之更加可口。

材料：（纸杯模具 6 个）

低筋面粉	120g
砂糖	100g
发酵粉	小量匙 1 匙
鸡蛋	1 个
牛奶	120ml
溶化奶油	100g
咖啡豆（中磨）	大量匙 1 匙

搅拌

1 将低筋面粉、砂糖、发酵粉倒入盆中，略作搅拌，加入鸡蛋，用打泡器搅拌。

2 分次少量慢慢倒入牛奶，搅拌至滑润。

3 将奶油用热水溶化法溶开，加入搅拌。

4 最后放入咖啡豆，快速搅拌。

成形

5 将纸杯剪成如图所示的形状，做成松饼模具。

6 向模具中注入面浆，至模具的 4/5 左右。

烤焙

7 将模具有间隔地放入铺有烤焙用纸的烤盘上，放入 180℃ 的烤箱内烤焙 25 ~ 30 分钟即可。（根据个人爱好，可以添加鲜奶油食用）

西葫芦风味吐司

口味清爽，容易引起食欲，鲜艳的绿色也令人赏心悦目！

材料：

（8cm × 24cm重奶油面包模具1个）

低筋面粉 150g
砂糖 100g
发酵粉 . 小量匙2匙
盐 .... 少许
鸡蛋 3个
西葫芦（擦成细丝）
.... 150g
柠檬汁 . 小量匙1匙
色拉油 25g

搅拌

1 将低筋面粉、砂糖、发酵粉、盐倒入盆中，略作搅拌，加入鸡蛋用打泡器搅拌。

2 滑润后，将西葫芦擦成细丝，加入搅拌，倒入柠檬汁、色拉油，搅拌均匀。

成形

3 将模具铺上底纸，倒入搅拌好的面浆。

烤焙

4 将模具放在烤盘上，放在170℃的烤箱内烤焙50分钟即可。

材料：（8cm × 24cm 重奶油面包模具 1 个）

鲜奶油（巧克力味）	100ml
砂糖	100g
鸡蛋	2 个
低筋面粉	120g
发酵粉	小量匙 1/2 匙
牛奶	大量匙 2 匙
香蕉	1 根（斜刀切成 1cm 长）

后期

糖粉	适量
坚果类（核桃、腰果、开心果等）	适量

香蕉风味面包

虽说是面包，但更像是糕点。巧克力与香蕉更是绝妙组合！

和面、成形

1 将鲜奶油（巧克力味）、砂糖倒入盆中，用手提搅拌机快速打发，打发至完全稀释。

2 加入鸡蛋，进一步打发。

3 加入低筋面粉、发酵粉，加入牛奶，用搅拌机搅拌至色泽柔润，低速搅拌以免面粉上扬打飞。

4 加入斜刀切成的 1cm 长的香蕉和砂糖，用橡皮刮刀搅拌均匀，将模具铺上底纸，倒入面浆。

烤焙

5 将模具放在烤盘上，放在170℃的烤箱内烤焙20分钟，装点上坚果类，再烤焙20分钟面包产生弹性即可。

虾味咸饼干

是含钙量丰富的饼干，添加上奶酪，是啤酒、葡萄酒的绝佳佐餐品。

材料：（36个份）

低筋面粉 200g
盐 ... 小量匙1/2匙
起酥油 20g
水 100ml
整尾薄壳虾干 .... 50g（切碎）

和面

1 将低筋面粉、盐倒入盆中，略作搅拌，加入起酥油，用指尖揉搓成肉松状。

2 加入水搅拌，水分均匀后加入虾干，继续搅拌。

3 成团后用保鲜膜包好，松弛30分钟。

成形

4 撤去保鲜膜，撒上扑面，用擀面杖擀成15cm × 60cm的长方形。

5 将面皮边缘用小刀切下，用小刀在横向12等份、纵向3等份做好记号，分割成36等份。

6 用西餐叉将面皮表面扎出小孔。

烤焙

7 将面皮有间隔地放入铺有烤焙用纸的烤盘上，放入180℃的烤箱内烤焙10分钟，再调至160℃烤焙15分钟即可。

速成面包
（含酵母菌）

使用酵母菌的真正的面包，只需1个多小时的时间就可轻松完成。介绍色、香、味俱佳的3种面包。

香辣辫子包

混合了多种香辛调料，有一点点辛辣的感觉！酸味奶油更是画龙点睛！（详见第89页）

马铃薯软面包

松软的热乎乎的就像马铃薯一样！请趁热享用！（详见第90页）

奶酪棒

松脆的奶酪棒配以自己喜好的外皮，不由你不伸手！（详见第91页）

面包搭配料理

配上美味食物，面包会更加美味，味道、外观都独具一格的调理法宛如时尚的咖啡食谱！

日高住江
日本食物协调专家
担任第84、85页料理和图片设计

三明治篇
（详见第 92 页）

面包圈三明治

深受年轻人喜爱的面包圈再配上各种蔬菜以及三文鱼，做成三明治。

三明治篇
（详见第 92 页）

口袋面包三明治

蔬菜丰富的健康的半圆形三明治，充足的天然奶酪更增加了三明治的美味！

三明治篇
（详见第 92 页）

全麦面包三明治

有利于身体的全麦面包与鸡肉组合，营养搭配完美无缺！

汤类篇

(详见第 93 页)

意式蔬菜汤

汤中添加了多种意大利风味材料，营养丰富，最适合与面包搭配。

汤类篇

(详见第 93 页)

炖牛肉

可以轻松快速完成的炖牛肉，推荐与面包一起在午茶时食用。

汤类篇

(详见第 93 页)

浓汤

只摄取蔬菜的甜汁制成的浓汤。

汤类篇

(详见第 93 页)

腊肉蔬菜汤

腊肉和各种蔬菜的美味，用百里香的芳香调制成清爽的腊肉蔬菜丝汤。

煮物篇

（详见第 94 页）

干酪火锅

色彩缤纷的面包以及喜好的材料涂上热乎乎的奶酪，敬请享用！

煮物篇

（详见第 94 页）

番茄吐司沙拉

将剩余的面包制成蒜味吐司，与番茄搭配制成时尚的沙拉。

煮物篇

（详见第 94 页）

浓汤

法兰克福香肠与大块的蔬菜煮烂，是有利于身心的温和料理。

煮物篇

（详见第 94 页）

前菜沙拉

色彩艳丽的有质有量的沙拉，同样适合餐桌上的前菜。

甜点篇

(详见第95页)

冰淇淋水果杂拌

是令喜欢甜味的人无法抗拒的甜点，冰淇淋和焦糖调味汁的味道满口余香。

甜点篇

(详见第95页)

奶油蓝莓烤饼

不加奶油直接食用也是非常美味的烤饼，建议在午茶时食用。

香蕉布丁与巧克力调料汁

甜点篇

(详见第95页)

巧克力与香蕉、羊角面包的松脆的口感是无法形容的绝妙组合！

甜点篇

(详见第95页)

草莓酸奶果子冻

喜欢的面包配上草莓和奶味十足的果子冻，一定会令人得到充分的满足！

辣味咖喱

酱料篇
（详见第96页）

不用米饭，而选用了辣味面包！
再配以熔化的奶酪。

草莓奶酪酱

酱料篇
（详见第96页）

草莓果酱里添加上奶酪，增加了新鲜的味道。

金枪鱼与芹菜奶油酱

酱料篇
（详见第96页）

金枪鱼与芹菜的组合相辅相成，适合任何面包。

番茄调味汁与蛋黄酱土豆泥

酱料篇
（详见第96页）

介绍大家所熟知的烤面包片与蛋黄酱土豆泥。

速成面包
（含酵母菌）
制作方法

第 83 页

香辣辫子包

材料：（1 个份）

低筋面粉	200g
干酵母	8g
砂糖	6g
盐	2g
辣椒粉	小量匙 1 匙
芫荽粉（香菜粉）	小量匙 1 匙
大蒜粉	小量匙 1/4 匙
胡椒	少许
肉桂	少许

准备水分

牛奶	120g
鸡蛋	30g

后期

天然粗盐	适量
黑胡椒	适量

制作准备水分

1 将牛奶煮沸并冷却，准确称量出 120g，与鸡蛋混合备用。（准备水分需根据室温的变化进行调节，具体参照第 13 页）

2 将低筋面粉、干酵母、砂糖、盐、辣椒粉、大蒜粉、芫荽粉、胡椒、肉桂倒入盆中，略作搅拌。

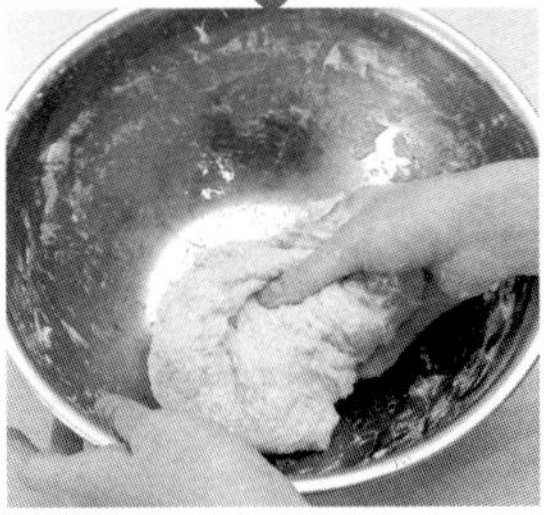

3 在中央做个窝，加入步骤 1 制作的准备水分，用一只手按压住盆，和面直至成为团。

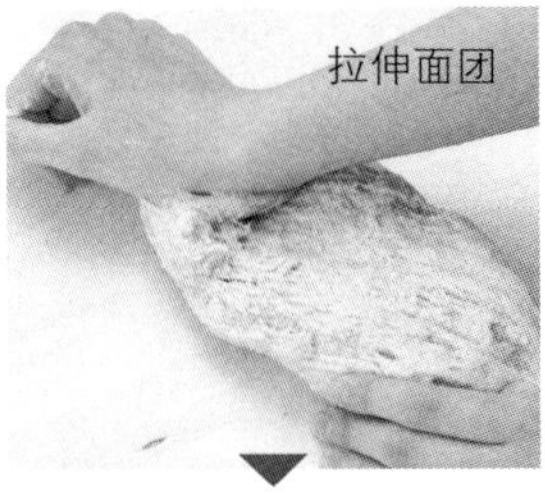

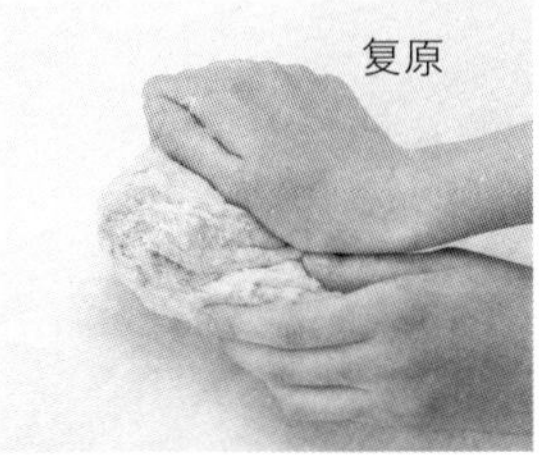

4 待水分均匀，拿到面板上，再揉搓 5 分钟左右，需用力将面团拉伸、复原，反复进行。

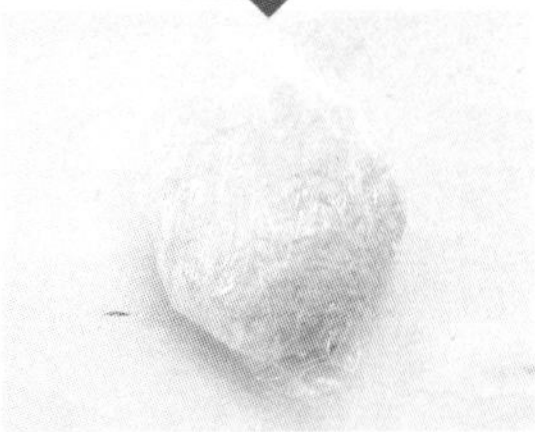

5 将面向内整理成团，装入塑料袋，以室温松弛 30 分钟。

成形、分割

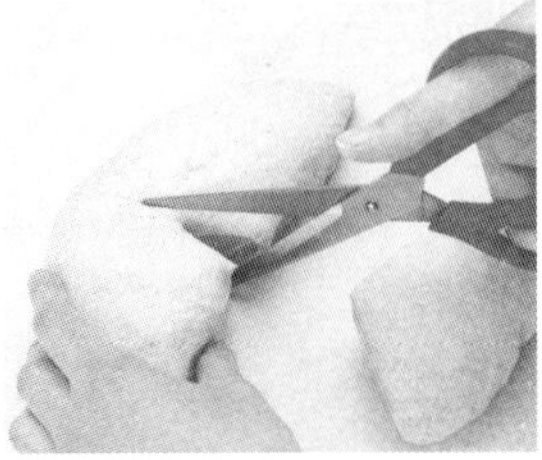

6 面板撒上扑面，取出面团，分成 3 等份。

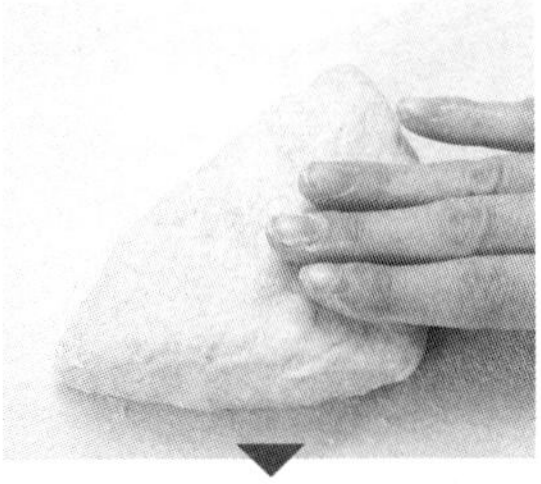

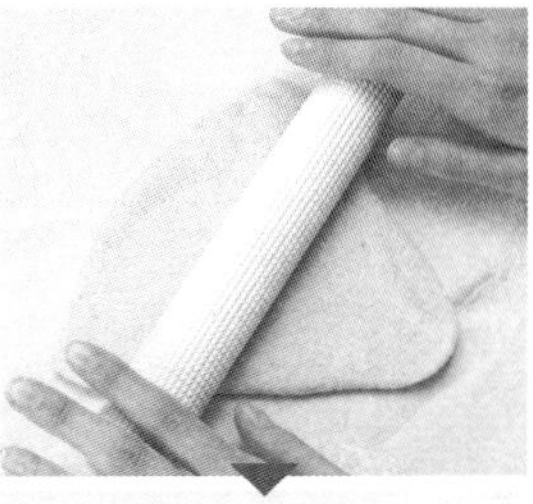

7 用手掌整理成三角形，擀平。

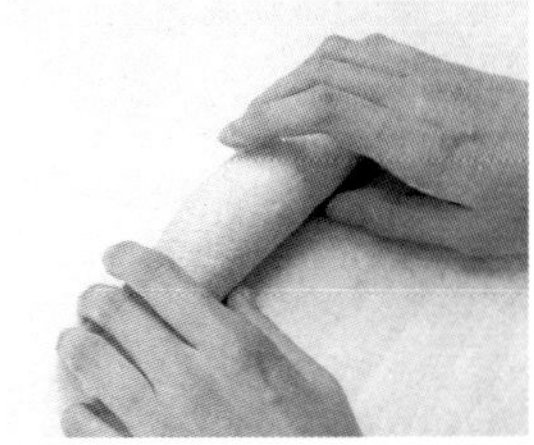

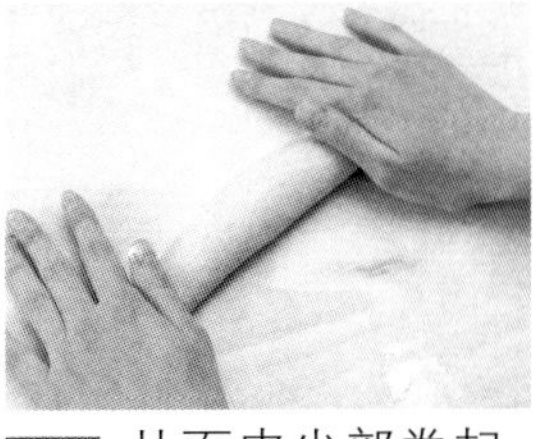

8 从面皮尖部卷起，滚动两端搓成 40cm 左右长的光滑的月牙形。

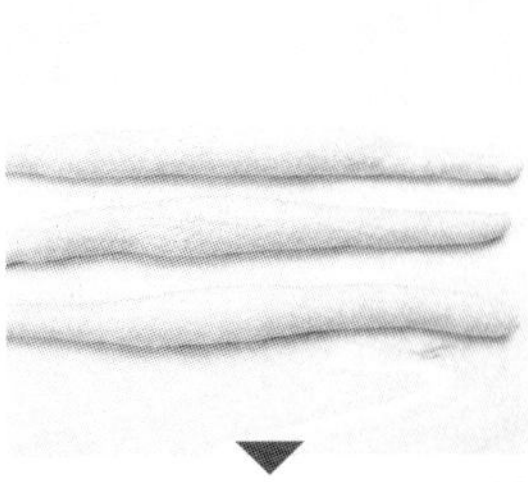

9 三条摆放在一起，从中间编三次下半部分。

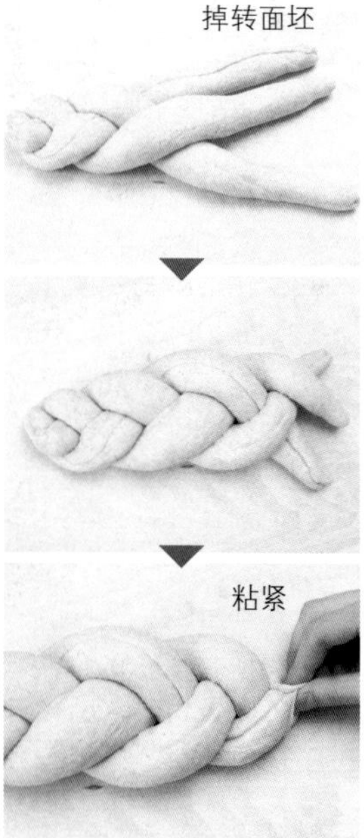

10 将面坯掉转过来，将剩余部分编三次。（两端要粘牢）

烤焙

11 烤盘铺上烤焙用纸，放上胎坯，充分喷雾，撒上胡椒。

12 放入没有预热的190℃的烤箱里，烤焙15分钟，再调至180℃烤焙10分钟即可。

第83页

马铃薯软面包

材料：（1个份）

高筋面粉	150g
干酵母	6g
砂糖	9g
脱脂奶粉	12g
盐	3g
马铃薯（用微波炉烤4分钟左右剥皮）	100g

准备水分

水	80g
无盐奶油	15g

后期

鸡蛋液	适量
土豆泥饼	适量

和面、一次发酵

1 将高筋面粉、干酵母、砂糖、脱脂奶粉、盐、马铃薯倒入盆中，略作搅拌。

2 在中央做个窝，加入准备水分中的水，轻轻搅拌。（准备水分需根据室温的变化进行调节，具体参照第13页。此种面包的准备水分温度应设定得比其他面包略低）

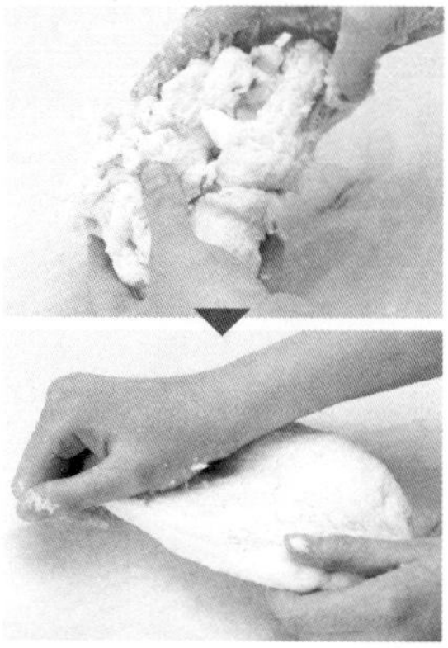

3 加入奶油，揉搓2～3分钟。（表面凸凹不平也可）

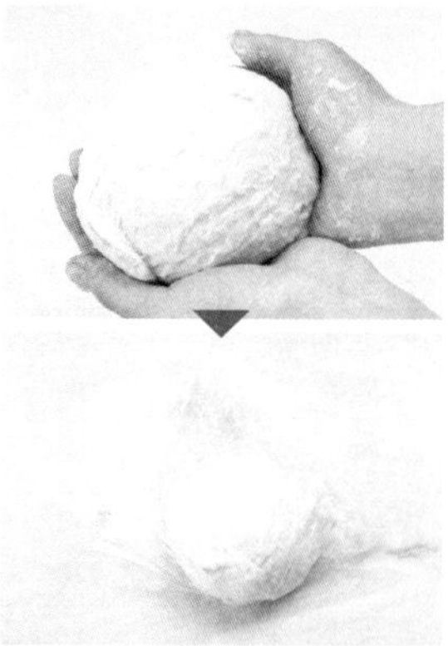

4 将面向内整理成团，装入塑料袋，以室温松弛20分钟。

成形

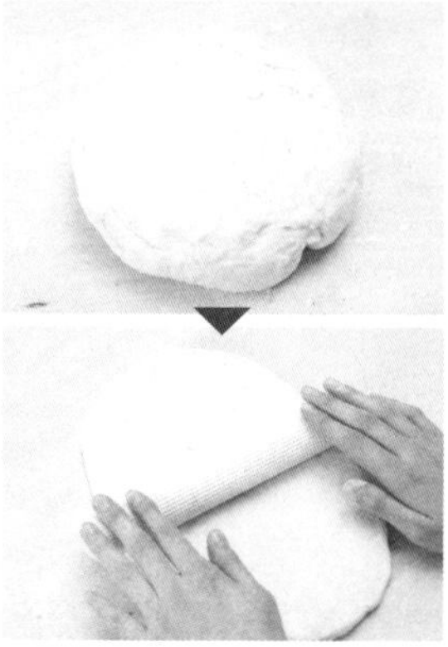

5 面板撒上扑面，取出面团，面团上也撒上扑面，擀成20cm×25cm的椭圆形。

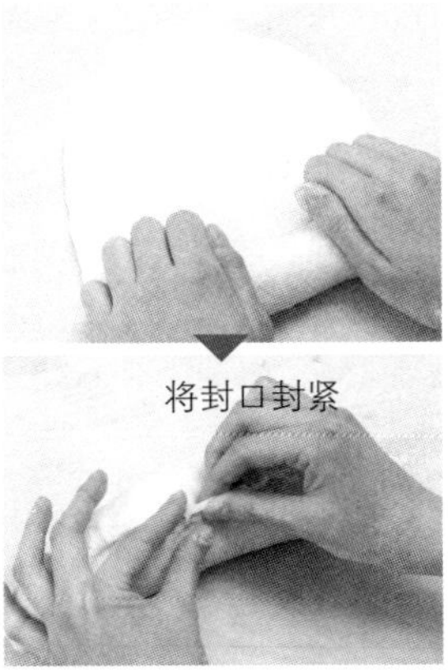

6 由内侧卷成棒状，将封口封紧。

7 涂上鸡蛋液，裹上准备好的土豆泥。（需整体涂抹均匀）

二次发酵

8 烤盘上铺好烤焙用纸，摆上面团，进行二次发酵。（发酵方法参照第13页。发酵方法有数种，而且需根据季节、室温的变化进行调节，因此请仔细阅读、正确操作）

9 面团充分膨胀后，二次发酵完毕。

10 放入没有预热的190℃的烤箱里，烤焙15分钟，再调至170℃烤焙15分钟即可。

第83页

奶酪棒

材料：（35个份）

高筋面粉	150g
干酵母	6g
砂糖	9g
脱脂奶粉	12g
盐	9g

准备水分

水	90g
无盐奶油	15g

后期

表层根据个人喜好添加（荷兰球形干酪和糖粉、七味辣椒粉和大蒜粉、生罗勒、天然盐和黑胡椒）	适量
蛋清	适量

和面、一次发酵

1 将高筋面粉、干酵母、砂糖、脱脂奶粉、盐倒入盆中，略作搅拌。在中央做个窝，加入准备水分中的水，轻轻搅拌。操作方式同马铃薯软面包（第90页）的1～4项。然后松弛20分钟。

成形、分割

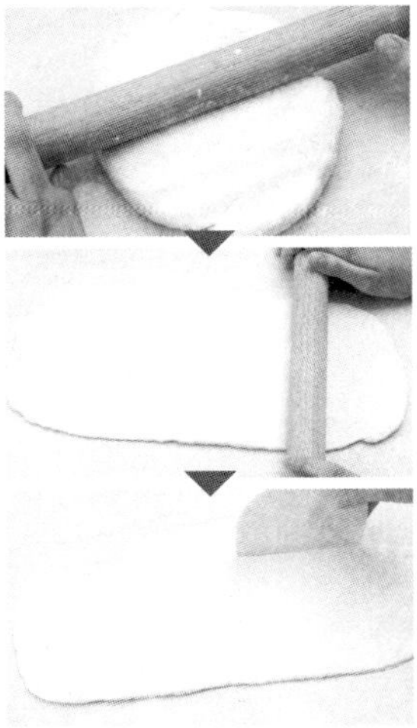

2 面板撒上扑面，取出面团，面团上也撒上扑面，擀成10cm×35cm的长方形，用刮片齐整边缘。

3 将面皮刷上蛋清，撒上喜好的表层。（表层与面皮接触不良时，需用擀面杖在面皮上轻轻擀压）

4 用刮片（或小刀）切成1cm的长条。

烤焙

5 烤盘上铺好烤焙用纸，将成形的面团有间隔地摆在上面，放入170℃的烤箱里烤焙10分钟即可。

面包搭配料理制作方法

三明治篇

面包圈三明治

面包圈三明治使用第36页葡萄干面包圈

材料：（1个份）

面包圈 1个
三文鱼 3片
茴香 1棵
松伞蘑(切丝) .. 1朵
黄甜椒丝 ..... 适量
洋葱片 .... 适量
黄瓜片 .... 适量
市售炼乳 ..... 适量

制作方法：

1. 将面包圈切成两片，涂上炼乳。
2. 铺上黄瓜片和三文鱼片。
3. 再摆上洋葱片、黄甜椒丝、松伞蘑丝、茴香，将另一片面包圈盖在上面即可。

三明治篇

第84页

口袋面包三明治

口袋面包三明治使用第63页土耳其面包

材料：（1个份）

土耳其面包 1个
生菜 1片
胡椒猪肉火腿 .. 2片
天然乳酪 50g
松伞蘑（切丝）. 1个
洋葱丝 .... 适量

制作方法：

1. 将土耳其面包从正中间切开，成为两个口袋状的面包。
2. 将生菜、火腿、天然乳酪（略多一些）、洋葱丝、松伞蘑丝均匀地放入其中即可。

三明治篇

第84页

全麦面包三明治

全麦面包三明治使用第54页全麦面包

材料：（1个份）

全麦面包 2片
生菜 1片
黄瓜 .... 适量
水芹 1棵
奶油 .... 适量

制作方法：

1. 全麦面包片微烤。
2. 一面涂上奶油，放上生菜、黄瓜、水芹、草药鸡肉（做法参照下面）。
3. 另一片面包涂上奶油，盖在上面即成。

草药鸡肉的制作方法

材料：

鸡腿肉 .... 一片
盐、胡椒 ..... 少许
腌渍草药 ..... 适量
罗勒、迷迭香 . 适量
牛至（药草）.. 适量
白葡萄酒 ... 1000ml
橄榄油 .... 适量
大蒜 1瓣
香味蔬菜（洋葱、胡萝卜、大蒜、西芹）

制作方法：

1. 将鸡腿肉除去脂肪，用菜刀将肉厚的部分摊开。
2. 用盐、胡椒、腌渍草药入味，放上香味蔬菜、罗勒、迷迭香、牛至，淋上白葡萄酒。放置1小时。
3. 轻轻挤出水分，用橄榄油及大蒜将两面烤成焦黄即成。

汤类篇

第85页

意式蔬菜汤

材料：（4人份）

蒜 1瓣
腊肉（熏肉）... 3枚
洋葱 中1/2个
芹菜 1/2棵
胡萝卜 1/3根
马铃薯 中1个
卷心菜 2片
番茄罐头 1/3罐
口蘑 1/2罐
橄榄油 .... 适量
水 800ml
意大利通心粉 .....
.... 大量匙2匙
盐、胡椒 ..... 少许
西芹 .... 少许
硬质天然干酪粉.少许

制作方法：

1. 将腊肉、洋葱、芹菜、胡萝卜切成1.5cm块状。卷心菜斜角切成2cm。口蘑切丁。
2. 锅内滴上橄榄油，放入蒜炒出香味来，加入腊肉翻炒，快速擦去腊肉上的油，加入洋葱炒至完全柔软，加入卷心菜、马铃薯以外的蔬菜。放盐、胡椒调味，加入肉汤料及水炖。
3. 将番茄罐头中的番茄一边捣碎一边倒入锅中，番茄汁也同时加入，差不多煮烂以后加入卷心菜。
4. 蔬菜变软后加入马铃薯，煮到5～6分钟加入意大利通心粉。（根据通心粉的粗细调整时间，如果没有通心粉，可以把稍细的意大利粉切成10cm左右）
5. 食用前加入干酸粉和切成丁的西芹。

汤类篇

第85页

炖牛肉

材料：（4人份）

牛肉（腿肉或前肋）. 500g
红葡萄酒 ... 200CC
蒜 1瓣
调味汁 1罐
洋葱 中1个
水 100CC
胡萝卜 1根
番茄泥 ... 大匙1匙
马铃薯中 2个
盐、胡椒 ..... 少许
松伞蘑 4个
口蘑 1袋
小麦粉 .... 适量
奶油 .... 适量
橄榄油 .... 适量

制作方法：

（是在短时间内就能轻松做好的炖牛肉）

1. 将牛肉切成50cm左右见方的小块，将洋葱的1/5切成丁，其余的部分切丝，胡萝卜、马铃薯切成一口左右的大小备用。
2. 锅中滴入橄榄油，将蒜炒出香味，放入食用盐，将胡椒浸泡过的撒上小麦粉的牛肉煎成焦黄，备用。
3. 在步骤2的锅中滴入橄榄油，将洋葱炒至上色，再将肉倒入锅内，加入红葡萄酒，红葡萄酒煮到一半的时候取出。
4. 在步骤3的锅中加入奶油、洋葱、胡萝卜、马铃薯、松伞蘑、口蘑，略作翻炒，加入水、番茄泥煮至蔬菜半熟左右。
5. 将肉和汤汁倒回锅内，炖40分左右至蔬菜完全柔软。

汤类篇

第85页

浓汤

材料：（5人份）

马铃薯 中1个
芹菜 50g
胡萝卜 50g
叶蔬菜 50g
洋葱 1/2个
（芹菜叶、葱叶、蔓菁叶等）
葱 10cm左右
汤 1L
蔓菁 2个
油 .... 适量
西红柿（去蒂）..小1个
鲜奶油 1/3杯
盐、胡椒 ..... 少许

制作方法：

1. 制作蔬菜汤原汁。取葱白部位，带叶芹菜的茎部，洋葱、胡萝卜等切剩的部分倒入1L的水中，开锅后，用微火煮15分钟左右（如果出沫则除去）。
2. 另取一个锅，用奶油翻炒洋葱、葱，炒蔫后，顺次放切成片的蔬菜，再加入一些奶油翻炒，加盐、胡椒入味。
3. 把步骤1制作成的蔬菜汤倒入步骤2的锅中，煮10分钟左右直至蔬菜柔软。
4. 将步骤3冷却后，连同汤一起用搅拌机搅拌，待所有蔬菜都成浓汤状倒回锅内，加盐、胡椒入味，出锅前加鲜奶油。

汤类篇

第85页

腊肉蔬菜汤

材料：（4人份）

腊肉 3片
老汤调料块 2个
卷心菜 1个
水 800ml
胡萝卜 1/3根
橄榄油 .... 适量
洋葱 1/2个
盐、胡椒 ..... 少许
朴蕈 .1袋（朴树菇）
蒜 1瓣
马铃薯 中1个
百里香 2棵

制作方法：

1. 切原料。将洋葱切成片，朴树菇去掉根底、切成两半，其他蔬菜以及腊肉切成5mm左右细丝，马铃薯丝用水焯过备用。
2. 用橄榄油将胡萝卜（切成碎末）炒出香味，倒入腊肉翻炒。
3. 将腊肉的油轻轻除去，放入马铃薯丝以外的蔬菜丝快速翻炒，加入盐、胡椒、老汤调料块，加水煮至蔬菜变软。
4. 加入马铃薯，煮软前再加入盐、胡椒入味。（马铃薯容易煮烂变形，因此应多加注意）
5. 食用前加入百里香。

煮物篇

第86页

干酪火锅

使用第43页番茄风味面包
第62页玉米面包
第80页西葫芦风味吐司

材料：（3～4人份）

火锅用奶酪 ... 250g
马铃薯 中2个
白葡萄酒 200ml
细腊肠 5根
胡萝卜 1根
三色面包（番茄风味面包、西葫芦风味吐司、玉米面包）
.... 适量
球花甘蓝 1个
甘蓝 1个
蒜 .... 适量

制作方法：

1. 将蔬菜切成稍大的块，煮成微硬备用。
2. 在火锅专用锅中涂上蒜汁，待锅热后加入火锅专用奶酪，熔化备用。
3. 将面包、蔬菜、细腊肠切成条，蘸上奶酪即可食用。

煮物篇

第86页

番茄吐司沙拉

使用第42页意式面包

材料：（2人份）

面包（意大利面包）
.... 2个
橄榄油 .... 适量
蒜 1瓣
迷迭香 1棵
西红柿 ...（大）2个

调味汁材料

洋葱末 . 大量匙2匙
马槟榔 . 大量匙1匙
沙丁鱼 8条
橄榄 10个
盐、胡椒 ..... 少许
砂糖 . 大量匙1/2匙
醋 50ml
橄榄油 150ml

制作方法：

1. 将面包切成1/4左右的大小，涂上蒜汁、橄榄油，放上少许迷迭香，烤焙成焦黄色。
2. 将西红柿切成1/8左右的条状备用。
3. 制作调味汁。将盐、胡椒、砂糖倒入醋中溶开，加入少许橄榄油，充分搅拌，然后加入洋葱、马槟榔的碎末，充分搅拌，食用前加入西红柿，拌匀备用。
4. 将面包放入沙拉盆中，加入步骤3调制好的调味汁即可食用。

煮物篇

第86页

浓汤

材料：（4人份）

卷心菜 1/4个
洋葱 1个
胡萝卜 1根
芹菜 1棵
芜菁 2个
法兰克福香肠 .. 4根
（细熏肠）
肉汤调料块 2块
丛生口蘑 1袋
芥子粒 .... 适量
芹菜带叶部分 .. 1棵
桂叶 1枚

制作方法：

1. 切原材料。卷心菜带心切成稍大的长条，洋葱切成条，胡萝卜、芹菜斜刀切成5～6cm的段，口蘑拆成小块。芜菁去皮稍留茎部并切成两半，放入香肠备用。
2. 将蔬菜类、香肠摆到锅里，加水没过蔬菜，加入肉汤调料，再放入芹菜带叶部分以及桂叶煮炖。
3. 待至蔬菜变软即成（法兰克福香肠如果煮得过久会不美观，应根据粗细后放）。取出带叶芹菜、桂叶，盛到容器里，添加芥子粒即可食用。

煮物篇

第86页

前菜沙拉

材料：（4人份）

生菜 .... 4～5片
黄瓜 1根
西红柿 大1个
洋葱 1/2个
红甜椒 1/2个
黄甜椒 1/2个
煮鸡蛋 2个
蘑菇 3个
意大利酸味肠 .. 8片
沙丁鱼 8条
奶酪片 2片

沙拉调味汁材料

盐、胡椒 ..... 少许
砂糖 ... 小量匙1匙
芥子 .... 适量
葡萄醋 30ml
橄榄油 60ml

制作方法：

1. 将生菜撕成适当的大小，黄瓜斜刀切，西红柿、洋葱、煮鸡蛋切成圆片，蘑菇、意大利酸味肠切成薄片，顺次放入盘中。
2. 将红甜椒、黄甜椒切成5mm左右的细丝，拌上沙丁鱼、奶酪，盛入盘中。
3. 将沙拉调味汁材料一起搅拌，淋到沙拉上即可食用。

甜点篇

第87页

冰淇淋水果杂拌

使用第69页奶油糕点

材料：（1人份）

奶油糕点 1个
香草冰淇淋 ... 100g
焦糖调味汁 ... 适量
喜好的水果 ... 适量
（草莓、猕猴桃、芒果）
薄荷叶 .... 适量

制作方法：

1.将奶油糕点切成两半，放入玻璃杯中。
2.加入香草冰淇淋，淋上焦糖调料汁，铺上斜刀切成的5mm块的水果，最后用薄荷叶装饰。

焦糖调味汁的制作方法：

在锅中加入50g砂糖以及大量匙1匙水，点火熬煮。熬干后加入少许热水稀释，调制成调味汁的浓度。

甜点篇

第87页

奶油蓝莓烤饼

使用第74页蓝莓烤饼

材料：（1人份）

蓝莓烤饼 1个
鲜奶油 70ml
砂糖 ... 大量匙1匙
白兰地（或朗姆酒）
.... 小量匙2匙
鲜蓝莓 .... 适量
鲜木莓 .... 适量
草莓果酱.大量匙2匙
樱桃白兰地 ....
.... 大量匙1匙
细砂糖 .... 少许

制作方法：

1.制作冰淇淋。将砂糖放入鲜奶油中，加入少许白兰地，慢慢打发。
2.将蓝莓烤饼横切为两片，一片盛上步骤1制成的冰淇淋，再用蓝莓、木莓点缀。
3.再涂上冰淇淋，摆上另一片烤饼。
4.装好烤饼的盘子上挂上用樱桃白兰地稀释的草莓果酱，最后撒上细砂糖。

甜点篇

第87页

香蕉布丁与巧克力调料汁

使用第64页法式羊角面包

材料：（1人份）

羊角面包 1个
香蕉 1/2根
蛋黄 1个
砂糖 50g
牛奶 100ml
朗姆酒 . 大量匙1匙
巧克力奶油（市售）
.... 少许
喜好的水果 ... 适量
糖粉 .... 少许

制作方法：

1.制作奶油冰淇淋。将蛋黄、砂糖、少量温过的牛奶倒入锅中，用搅拌机轻轻搅拌，剩下的牛奶用中火熬稠。（注意避免煮过劲）
2.停火后淋入一大匙朗姆酒，快速搅拌，倒入盆中，用保鲜膜盖好冷却。
3.将羊角面包横向切成两半，一半盛上奶油冰淇淋、香蕉，将羊角面包另一半盖在上面。
4.将羊角面包放在盘子中，撒上糖粉、巧克力奶油，再根据个人爱好添加上水果即可食用。

甜点篇

第87页

草莓酸奶果子冻

使用第69页奶油糕点

材料：（1人份）

草莓 50g
牛奶 100ml
酸奶 100ml
砂糖 ... 大量匙2匙
柠檬汁 . 小量匙1匙

制作方法：

1.洗净草莓，去蒂冷冻。
2.将冻草莓、牛奶、酸奶、砂糖放入搅拌机中搅拌。
3.加入柠檬汁，轻轻搅拌即可饮用。

酱料篇

第88页

辣味咖喱

材料：（4人份）

奶油 ... 大量匙2匙
蒜 1瓣
生姜 1片
洋葱 1个
红辣椒 1根
牛肉、猪肉混合馅
（9：1） 300g
咖喱粉 . 大量匙2匙
盐、胡椒 ..... 少许
西红柿 大1个
热制香辛调料 .....
.... 1小匙
姜黄根粉末 ....
.... 2小匙
肉汤调料块 1块
奶油乳酪 50g

制作方法：

1. 将奶油放入锅中加热，加入切成碎末的蒜、生姜、红辣椒煸炒出香味，将洋葱切碎，炒至颜色微变。
2. 加入肉馅翻炒，待肉散落开后放入咖喱粉、热制香辛调料、姜黄根粉末，将肉汤调料块捣碎加入；然后将西红柿去皮、取子，切成大块，翻炒使之脱水，加入盐、胡椒入味。
3. 出锅前，加入切成菱形块的奶油乳酪，快速搅拌，关火。

酱料篇

第88页

草莓奶酪酱

材料：（2人份）

草莓果酱 2匙
酸味奶油 50g
奶油乳酪 50g
砂糖 20g

制作方法：

1. 在奶油乳酪中加入砂糖，搅拌。
2. 奶油乳酪滑润之后，加入酸味奶油，再搅拌至滑润，加入草莓果酱搅拌均匀。

酱料篇

第88页

金枪鱼与芹菜奶油酱

材料：（6~8人份）

奶油蘑菇罐头 .. 1罐
奶油乳酪 250g
芹菜 2棵
金枪鱼罐头 ....
.... 1罐（80g）
盐、胡椒 ..... 少许
辣椒粉 小量匙1/2匙
西芹（碎末）......
.... 大量匙1匙
白葡萄酒 100ml

制作方法：

1. 将奶油蘑菇罐头打开，倒入锅中，加入白葡萄酒，加热。
2. 烧开之后将奶油乳酪切成适当的大小加入锅内，用木铲帮助奶油乳酪溶化。大致溶化后关火，用余热溶化后冷却。
3. 用菜刀将芹菜切碎。
4. 将芹菜、金枪鱼、盐、胡椒、辣椒粉、切碎的西芹放入步骤2冷却后的锅中，搅拌。
5. 盛到器皿中，食用前再加入少许辣椒粉、西芹末。

酱料篇

第88页

番茄调味汁

材料：（4人份）

西红柿 2个
洋葱 1/4个
沙丁鱼 2条
马槟榔 . 大量匙1匙

调味汁材料

盐、胡椒 ..... 少许
芥末 ... 小量匙1匙
香脂醋 . 大量匙1匙
葡萄酒醋 20ml
橄榄油 60ml
柠檬汁 . 小量匙1匙
罗勒叶 ..... 2~3枚

制作方法：

1. 西红柿去皮、取子，切成5mm左右的菱形块。
2. 洋葱、沙丁鱼、马槟榔切碎，混合备用。
3. 混合调味汁材料，制作成调味汁。
4. 将步骤1、2的材料倒入步骤3的调味汁中搅拌，罗勒叶切成细丝撒在上面。

酱料篇

第88页

蛋黄酱土豆泥

材料：（2人份）

马铃薯 1个
洋葱（切碎）
.... 大量匙1匙
芥子粒 . 小量匙1匙
蛋黄酱 . 大量匙3匙
盐、胡椒 ..... 少许
西芹（切碎）......
..... 大量匙1/2匙
茴香 1棵叶尖

制作方法：

1. 将煮熟的马铃薯捣成泥状，加入盐、胡椒，冷却。
2. 加入切碎的洋葱、西芹以及茴香、芥子粒，蛋黄酱拌匀。